메이드 인 공장

© 김중혁 2014

초판 1쇄 발행 2014년 9월 19일
초판 3쇄 발행 2014년 11월 4일

지은이 김중혁
펴낸이 이기섭
편집인 김수영
책임편집 김윤정
기획편집 이지은 김준섭
마케팅 조재성 정윤성 한성진 정영은 박신영
관리 김미란 장혜정
디자인 jun

펴낸곳 한겨레출판(주) www.hanibook.co.kr
등록 2006년 1월 4일 제313-2006-00003호
주소 121-750 서울 마포구 효창목길 6, 한겨레신문사 4층
전화 02) 6383-1602~1603 | 팩스 02) 6383-1610
대표메일 munhak@hanibook.co.kr

ISBN 978-89-8431-842-7 03810

메이드인 공장

소설가 김중혁의 입체적인 공장 산책기

글·그림 **김중혁**

한겨레출판

프롤로그

★

나는 작은 도시에서 태어났다. 인구가 채 10만 명도 되지 않았고 시내 끝에서 끝까지 가는데도 택시비가 기본요금밖에 나오지 않는, 작은 도시였다. (생각해보니 고등학교를 졸업할 때까지 택시를 타본 적이 거의 없다. 어지간한 거리는 걸어 다녔고, 조금 멀다 싶으면 자전거를 탔다. 음, 택시가 있긴 있었나 싶기도 하고.) 하지만 작다는 건 지금의 기준일지도 모르겠다. 거기서 자랄 때는 작다는 걸 알지 못했다. 큰 걸 봤어야 내 것이 작다는 걸 알 텐데, 작은 도시에서 벗어나본 적이 없으니 비교 대상이 없었다. 어린 시절을 돌이켜보면 오히려 '무척 크다'고 생각했던 것 같기도 하다. 학교는 아주 멀게 느껴졌고, 동네는 너무 커서 아무리 애를 써도 절대 벗어나지 못할 것 같았다.

소도시에서 자란 사람들은 알겠지만 거기선 꿈을 가지기가 참 애매하다. 어떤 꿈을 키워서 어떤 사람이 되어야겠다는 야망을 펼쳐나가기엔 뭔가 좀 어정쩡하다. 일단 보이는 게 없다. 주위를 둘러보면 상점들이 있고, 조금 더 멀리 보면 논밭이 있고, 아주 멀리 보면 공장이 있다. 사람이란, 보이는 걸 꿈꾸게 마련이어서 세 겹의 세계 속에 둘러싸인 채로는 다른 걸 꿈꾸기가 쉽지 않았다. 잘나가는 사람들은 모두 텔레비전 속에 있었고, 텔레비전 속 세상을 꿈꾸기엔 너무 멀어 보였다. 공장의 굴뚝 너머에 텔레비전이 있었다.

공장은 나를 가로막는 높은 벽이었고, 넘어야 할 장애물이었다. 아버지는 내가 조금이라도 삐뚤어진다 싶으면, 반 등수가 조금이라도 내려간다 싶으면 '공부 당장 때려치우고, 공장에 들어가서 기술을 배우라'는 말을 하셨다. 이상하게 그 말을 들을 때마다 무서웠다. 그 말을 들을 때마다 무표정한 얼굴로 나사를 조이고 있는 내 모습이 떠올랐다. 나사를 조이고, 풀고, 조이고, 풀고, (도대체 어떤 공장을 연상한 걸까) 그렇게 계속 반복하는 내 모습이 떠올랐다.

나는 그런 장면이 떠오를 때마다 머리를 세게 흔들어 잡념을 떨친 다음 공부에 매진하였다. 공부에 매진해도 집중력은 오래가지 못했고, 성적이 아래로 떨어지는 소리가 들렸다. 이대로라면, 어쩌면, 공장에 가야 할지도 모른다. 그런 생각이 자주 들었다. 아버지도 젊은 시절 공장에 다녔고, 사촌 형들 역시 공장에 다니고 있었다. 학교를 그만두고 공장에 가더라도 전혀 이상하지 않은 환경이었다.

공장에 처음 가본 것은 20대 중반, 프리랜서 기자로 일하던 때였다. 정확히 어떤 물건을 만들던 공장이었는지는 잊어버렸는데(아마도 농기구를 만들던 공장이었던가) 공장의 풍경은 지금도 기억과 감각 속에 선명하게 남아 있다. 공장은 엄청난 소음으로 꽉 차 있었고, 공기 중에는 묘한 냄새가 떠다녔으며, 기계들이 쉴 새 없이 움직이고 있었다. 벨트 위에서는 제품이 끊임없이 만들어지고 있었다. 소음과 냄새와 움직임이 내게는 생산의 교향곡처럼 들렸다. 어쩌나 일목요연하고 일사불란해 보이던지……. 공장에서는 만들어지고, 만들어지고, 또 만들어지고 있었다. 소음이 리드미컬하게 들렸고, 화학약품은 향기롭게 느껴졌다. 원료를 넣으면 어찌 되었든 제품이 만들어졌다. 나는 공장이 무척 부러웠다.

20대 중반에 나는 소설가 지망생이었다. 소설가란 끊임없이 거짓말을 생각하고, 그 이야기들을 종이에다 그럴듯하게 적는 사람이었다. 소설가가 되기 위해 밤을 새우며 소설을 썼다. 가상의 인물을 만들어서는 그를 살렸다 죽였다 했다. 고통스러운 적도 많았지만 즐거울 때가 더 많았다. 소설 놀이에 빠져서 밤새는 줄도 모르고 신 나게 가상의 세계를 휘젓고 다녔다. 아침이 되면 그 모든 일들이 허무하게 느껴졌다. 밤을 새우고 내다본 거리에 수많은 사람이 출근을 하고 있었다. 그들은 무언가 실질적인 것을 만들기 위해 출근하는 사람들이(라고 생각했)었다. 그때부터 나는 어떤 콤플렉스에 빠졌다. 왜 나는 손에 잡히는 무엇인가를 누군가에게 줄 수 없는 것일까. 외투를 만들거나 보일러를 만들거나 컴퓨터를 만들거나 안경을 만들거나 가방을 만들어서 직접적으로 제공할 수 없는 걸까. 소설가가 되고 난 다음에도 그런 고민을 자주 했다. 내 소설은 어떤 '물건'이고, 어떤 '제품'일까. 나는 누군가에게 무엇을 줄 수 있을까.

물론 지금은 나름의 답이 생겼다. 소설이 어째서 필요한지 알게 됐고, 글이 왜 중요한지도 어렴풋하게 알 것 같다. 보일러가 고장 났을 때 내가 전화로 누군가를 부르듯, 인생이 고달픈 누군가가 내 소설을 펼쳐들 것이다. (제발 그랬으면 좋겠다!) 공장에서 돌아온 누군가가 피곤한 몸을 자리에 누인 다음 뜨끈뜨끈한 방바닥에 엎드려 낯모르는 어떤 사람과 대화하는 기분으로 내 소설을 펼쳐들 것이다.

나는 글을 쓰는 일이 공장에서 하는 일보다 우월한 일이라고 생각하지 않는다. 또, 공장에서 무언가를 생산하는 일이 소설을 쓰는 일보다 구체적이며 직접적이고 의미 있는 일이라고도 생각하지 않는다. 일을 하고, 무언가를 만들어내고, 다른 사람들이 만들어낸 것으로 위로를 받는다. 인간들은 대체로 그렇게 살아가고 있다.

어떤 방식으로든 우리는 비슷하게 살아가고 있으며 또, 모두 연결되어 있다고, 서로가 서로를 돕고 있으며 서로가 서로의 부분을, 부품을, 생산하고 있다고, 나라는 존재는 수많은 사람들의 생산으로 만들어진 조립품 같은 것이라고 생각한다. 우리는 지구라는 거대한 공장에서 서로를 조립하고 있는 셈이다.

어린 시절의 '공장 공포증'에서 벗어나 이제는 편안한 마음으로 공장에 갈 수 있게 되었다. 우선, 공장과 공부 중 하나를 선택해야 하는 나이를 (진작에) 넘겼고, (공장과 공부를 아울러야 진정한 '대장부'가 되는 것을!) 공장에서 일하는 사람에게 콤플렉스를 느끼며 '아, 이런 훌륭한 물건들을 생산하고 계시는데, 저는 어젯밤 집에 틀어박혀 쓸데없는 거짓말이나 만들고 있었지 뭡니까'라는 한탄을 하는 시기도 이미 다 지났으며, 공장에 갔다가 정말 마음에 드는 물건을 만나면 공장을 통째로 살 수도 있는 재력을 지니게 된 데다(하하, 이건 농담), 공장에서 생산하는 공산품들을 어지간히 써본 사람으로서 물건에 대해 할 말이 많을 때가 되었기 때문이다.

한 가지 고백해야 할 것이 있다. 공장을 취재하면서 여러 가지 고민을 했다. 이 책은 어떠해야 하는가, 사람의 이야기여야 하는가, 아니면 물건들의 세계사여야 하는가, 또는 공장의 구석구석을 바라보는 세심한 관찰기여야 하는가.

애초 목표는 단순한 것이었다. 내가 좋아하는 물건들이 공장에서 어떻게 생산되는지를 훔쳐보고 싶은 마음이었다. 물건을 만든 장소에 가서 만드는 모습을 보면 물건을 좀 더 이해할 수 있지 않을까 싶었다. 공장은 예상대로 그렇게 단순한 곳이 아니다. 공장에는 사람이 있다. 결국 사람이 하는 일이고, 사람이 만들어내는 일이다. 사람을 빼고 공장에 대해 말하는 것은 달의 전면을 보며 후면까지 상상하는 것이나 마찬가지다. 공장의 진짜 모습은 내가 생각하는 것보다 훨씬 입체적이고 복잡할 것이다.

내가 쓴 공장 이야기가 반쪽뿐이라는 것은 확실히 알고 있다. 나는 전문적인 공정을 꼬치꼬치 캐묻지도 않고 공장 사람들과 농담을 해가며 산책을 했다. 이 책은 공장 탐방기가 아니라 공장 산책기일지도 모른다. 책을 읽는 분들도 그렇게, 느긋한 마음으로, 조금은 수다스러운 한 사람과 함께 공장을 산책한다는 마음으로 이 책을 읽어주면 좋겠다.

그리고, 《메이드 인 공장》은 〈한겨레〉에 1년간 연재한 글을 모은 것이다. 1년 동안 들여다볼 수 있도록 공장 문을 열어준 관계

자분들께도 깊이 감사드린다. 섣부른 얘기고 선입견이겠지만 공장에서 일하는 분들에게서 묘한 공통점을 느꼈다. 조심스럽고 다정한 서먹함이라고 해야 할까, 내성적이지만 호기심 어린 눈빛이라고 해야 할까, 그런 걸 느꼈다. 공장은 대부분 시의 외곽이나 외진 곳에 있었다. 외진 장소에서 매일 같은 사람들과 같은 물건을 만드는 사람들의 공통점일지도 모르겠다고 나는 추측했다. 내 추측이 잘못된 것일지도 모른다.

하지만 다정한 서먹함과 호기심 어린 눈빛을 좋아한다는 사실은 꼭 고백하고 싶다. 혹시 있었을지도 모를 무례에 대해서는 사과하고 싶다. 내가 물었던 것보다 더 많은 이야기를 해준 분들께 진심으로 감사드린다. 그들에게서 많은 이야기를 들었다. 책에 차마 쓰지 못한 이야기도 많다. 그 이야기들은 아마도 가까운 사람들과 술을 마시는 자리에서 풀어놓게 될 것이다. 그럴 때에도 공장에 대한 예의만큼은 잊지 않겠다. 마지막으로 기획과 섭외 과정에서 큰 도움을 준 〈한겨레〉 esc 편집부와 한겨레출판에 깊은 감사를 드린다.

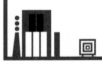

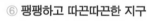

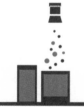

01

종이와 함께
현명해지는 법

★

제지 공장 산책기

첫 번째 장소로 제지 공장을 선택한 데는 여러 가지 이유가 있었다. 우선, 꼭 한번 제지 공장에 가보고 싶었다. 그건 글을 쓰는 사람으로서의 호기심과 글을 쓰는 사람으로서의 죄책감이 결합된 이상야릇한 감정이었다. 작가란, 특히 소설가란, 종이를 가장 사랑하는 사람이기도 하고, 종이를 가장 낭비하는 사람이기도 하다. 시인들이야 절대적인 종이 소비량이 적지만(아, 출판된 책의 종이는 적지만 시를 창작하는 과정에서 버리는 종이는 무척 많을지도 모르겠다) 소설가들은 수많은 종이를 소비한다. 이제 막 출간된 (말 그대로) 따끈따끈한 자신의 책을 만지고 있으면 뭔지 모를 뿌듯한 감정이 들기도 하고, 과연 내가 쓴 작품이 이렇게 많은 종이를 낭비해도 괜찮은 것인지 애꿎은 나무만 작살내는 게 아닌지 자괴감이 들기도 한다. 책을 낸 소설가들끼리 만나면 이런 농담을 하기도 한다. "책을 냈다고 축하할 일이 아니야. 우리 책 낸 사람들끼리 산에 올라가서 나무나 한 그루씩 심고 오자." 말을 꺼낸 사람은 농담으로 한 것이겠지만 듣는 사람은 가슴이 뜨끔하다.

종이를 포기하기는 힘들다. 어린 시절부터 지금까지 얼마나 많은 종이를 썼을까 생각해보면, 기가 막히다. 교과서에다 수많은 낙서를 했고, 잘못한 일이 많아서 공책 가득 반성문을 자주 썼고, 연애편지를 쓰며 참 많은 종이를 버렸고, 하나 마나 한 이야기들로 가득한 보고서를 자주 썼으며, 내가 쓴 소설을 프린터로 출력해서 고치고 또 고쳐가며 완성했다. 잡지사에 다녔고, 책을 여러 권 냈고, 좋은 종이를 탐했으며, 쓰지도 않을 노트를 사 모았다.

만약 사후 세계에 '종이와 나무의 신' 같은 분이 계셔서 종이 낭비를 꾸짖고 매로 다스리신다면, 나는 찍소리 못하고 수십 년 동안 두드려 맞아야 할 것이다. '종이와 나무의 신'이 이렇게 물을 것이다. "네 죄를 네가 알고, 앞으로는 종이를 멀리할 것이냐?" "종이와 나무의 신이시여, 그런데 사후의 세계에도 종이가 있습니까?" "뭣이라?" "사후의 세계에도 종이가 있다면, 저는 죽도록 계속 매를 맞더라도 종이를 쓰겠습니다." "아니, 저런 고얀 놈을 보았나. 저놈을 곤장으로 매우 쳐라." 일단 머릿속에 뭔가 떠오르면 종이에다 적고, 종이에 적은 걸 고쳐가면서 생각을 발전시키는 과정을 오랫동안 거쳐온 사람으로서, 종이가 없는 삶은 도무지 상상할 수가 없다. 종이를 낭비하면서 생각을 발전시킬 것인가, 생각을 낭비하면서 종이를 절약할 것인가. 딜레마다.

제지 공장의 숙명도 비슷한 것 같다. 고대 이집트의 커다란 수초 '파피루스'에다 문자를 적기 시작한 인류는 석판, 밀랍, 가죽, 종이에다 수많은 글을 남기며 진화해왔다. 인간의 진화를 위해 자연을 희생시키는 것이 과연 옳은 일인가. 종이를 만들기 위해 수많은 나무를 잘라내고, 엄청난 에너지를 사용하여 종이를 건조시키고, 펄프를 표백하기 위해 많은 화학약품을 사용하는 것이, 과연 옳은 일인가. (글씨를) 쓰기 위해 (나무를) 부수는 일은 옳은 일인가. 쉽게 답할 수 없다.

제지 공장 내부의 작은 전광판에는 붉은색 숫자가 깜빡이는데, 그 숫자는 종이가 생산되는 속도를 표시한 것이었다. 시속 몇 킬로미터로 종이가 달려 나오는가, 혹은 나무가 얼마나 빨리 사라지고 있는가. 그 숫자는 종이의 생산 속도라기보다 인류의 딜레마 수치 같기도 했다. 어쩌면 모든 공장의 원리가 비슷할지도 모르겠다. 공장은 인간을 위해 더 많이 생산해야 한다. 인간의 진화를 위해 더 많이 파괴하고, 더 빨리 생산하는 것이 과연 옳은 일인가. 쉽게 답할 수 없다.

그곳은 나무들의 바다 같았다

복잡한 마음이 있긴 했지만 공장으로 향하는 걸음은 가벼웠다. 가는 길에 마침 비가 내렸고, 사람이 많지 않은 평일 한낮의 기차는 운치가 있었다. 공장이 있는 곳은 충청남도 서천군 장항읍이었는데, 덕분에 장항선 기차를 처음으로 타보게 되었다.

　휴대전화로 장항선 노선을 검색하다가 뜻밖의 선을 하나 발견했다. 장항역을 지나면 철길이 두 개로 갈라지는데, 하나는 종점인 익산으로 향하는 철길이고 또 하나는 제지 공장으로 향하고 있었다. 나중에 물어봤더니 제지 공장에서 철도청에 요청해서 만든 철길이었다. 철도청에 요청하고 승인을 받으면 직접 철길을 깔 수 있다고 한다. 공장에서 만들어진 종이가 이 철길을 따라 서울로 운송된다. 물론 관리를 직접 해야 하고 까다로운 문제가 많긴 하겠지만 돈을 많이 벌게 된다면 (아, 얼마나 많이 벌어야 할까) 집 앞까지 철길을 깔아도 재미있겠다. 강원도의 김유정역처럼 사람의 이름이 붙은 역이 생겨나고, 누군가의 집을 방문할 때 기차를 타고 간다면 꽤 멋질 것 같다.

　"다음 역은 소설가 김중혁역입니다. 이번 역에서 내리실 분은

놓고 내리는 물건이 없도록 다시 한번 확인해주시고, 김중혁 씨의 소설을 꼭 지참해주시기 바랍니다. 김중혁역에서는 김중혁 씨의 소설을 지참하지 않으면 통과하실 수 없습니다." 기차를 무척 좋아하는 사람으로서 그런 상상을 하게 된다.

공장의 설명을 해주실 분은 ㄱ 과장님. ㄱ 과장님은 이 공장의 역사나 마찬가지다. 공장이 생긴 지 1년 만에 이곳에 출근하기 시작했고, 올해로 22년째 같은 공장에 다니고 있다. 22년째 같은 공장에 다닌다는 게 어떤 의미인지는 잘 모르겠지만, 나도 모르게 '멋지다'라고 생각했다.

우리는 만나서 어색한 나머지 곧바로 종이 이야기를 했다. "저는 종이를 정말 많이 쓴답니다." "아, 그러시군요. 종이 소비는 자꾸 줄어들고 있습니다." "아, 저는 참 많이 쓰는데……." "많은 게 디지털로 바뀌고 있으니까요. 잡지 시장이나 인쇄물 시장 쪽도 좋지 않고요……." "제 책도 잘 안 팔리고 있어요"와 같은, 각자 헤드폰 쓰고 다른 음악 들으면서 이야기를 나누는 것 같은 뜬금없는 대화를 잠시 주고받다가 ㄱ 과장님은 곧장 식당으로 나를 안내했다. 마침 그날이 동지였고, 구내식당에서는 일반 식사와 함께 팥죽이 곁들여졌다. 팥죽은 무척 맛있었다. 식판을 들고 밥을 먹는 것은 군대 제대 이후 거의 처음이었는데, 이렇게 밥이 맛있다면 재입대를 심각하게 고려해보고 싶을 정도로 맛있었다. 물론 매 끼니를 같은 식당에서 해결해야 하는 공장 사람들은 나름의 고충이 있겠지만 말이다.

제지 공장 마당에는 엄청난 양의 재생 펄프가 가지런히 쌓여 있었는데, 마치 잔잔한 파도를 보는 듯했다. 펄프는 겹겹이 쌓여 있었고, 까마득하게 펼쳐져 있었다. 거긴 정말 바다 같았다. 종이로 가득 찬 바다, 나무로 만든 바다, 우리가 버린 바다, 누군가 되살린 바다.

모두 다 아는 것처럼 종이는 펄프로 만들어진다. 펄프는 (섬유 식물이나) 나무로 만들어지고, 음……, 나무는 무엇으로 만들어지는지 모르겠다. 종이를 재생해 다시 펄프로 만들 듯 종이를 재생해 다시 나무로 만들 수 있다면 좋겠지만, 그건 아직까지 어렵다. 아직까지가 아니라 끝내 어려울 것이다. 영국 시인 조이스 킬머의 시처럼 '그렇지만 오직 신만이 나무를 만들 수 있다'.

예전부터 '재생지'라는 단어를 들을 때면 윤회를 떠올리곤 했다. '인간으로 태어나 온갖 에너지를 소비하고, 지구를 낭비한 채 죽으면 재생지처럼 누런 얼굴로 다시 태어날지도 몰라.' 이런 생각을 하곤 했다. 그런 식으로라도 인간으로 다시 태어나 재생되는 게 지구에게 좋은지 어떤지는 모르겠지만 (한번 살아봤다고, 익숙한 마음에 지구에게 더 독하게 구는 거 아닐까) 종이의 재생은 지구에게 무척 득이 된다. 종이 1톤을 만들려면 나무 3톤이 필요하지만, 재활용 종이 1톤을 만들기 위해서는 폐지 1.1톤이면 충분하다. 처음으로 만든 종이를 매립하면 온실가스가 3.5킬로그램 배출되지만 신문지 1톤을 재활용하면 온실가스가 1.6킬로그램 배출된다. 종이를 다섯 번 재활용한다면 숲에 끼치는 나쁜 영향을 15배까지 줄일 수 있다고 한다(맨디 하기스의《종이로 사라지는 숲 이야기》참조).

폐지를 재활용하는 것도 쉬운 문제는 아니다. 우선 폐지를 수집, 운반, 보관, 가공하는 데 꽤 많은 에너지가 들며, 어떤 종류의 폐지냐에 따라 폐지 활용률이 달라진다. 가장 이상적인 방법은 폐지를 완벽하게 분리수거하고 가장 가까운 곳에서 가공하는 것인데, 이게 말처럼 쉬울 리 없다. 음, 가까운 곳에서의 실천이 가장 중요하다는 말인데, 나부터 종이 낭비를 줄이기 위해 절필을 선언해야 하려나.

거인의 화장실용 두루마리에다

공장으로 들어서면 초지기(抄紙機)라 불리는 거대한 기계가 보는 사람을 압도한다. 글자 그대로, 실 뽑듯 종이를 뽑아내는 기계다. 이 녀석은 덩치도 엄청나지만 소리도 대단하다. 근처에서는 도저히 대화를 주고받을 수 없다. 일하는 분들은 모두 귀마개를 쓰고

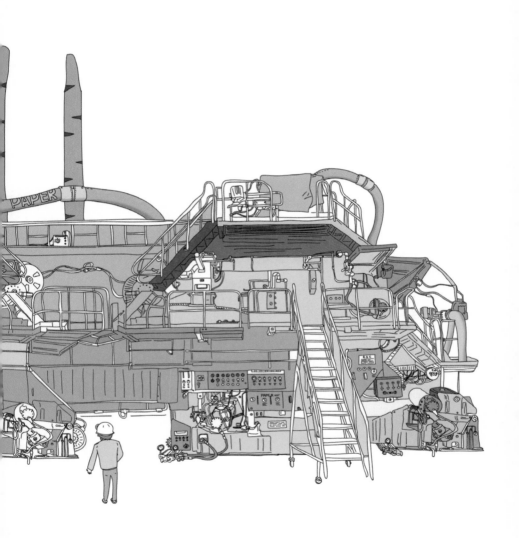

있었으며, 초지기를 컨트롤하는 조종실에도 방음문이 설치돼 있었다. 조종실에 들어가면 물속에 뛰어든 것처럼, 모든 소리가 먹먹해진다.

종이가 만들어지는 원리는 변한 게 없다. 종이를 처음 만들었던 시대나 지금이나 '압착하고' '물기를 빼고' '건조하는' 원리는 똑같다. 얼마나 빨리 만들어내는가의 차이만 있을 뿐이다. 물에 희석된 펄프가 천에 분사되고, 이 천이 회전하는 뜨거운 롤러 사이를 지나가고, 건조되면 종이가 만들어진다. 참으로 간단해 보이지만 간단한 문제는 아니다. 펄프를 어느 정도로 희석할 것인가, 종이 표면에 막을 만들어주는 전분을 어느 정도 쓸 것인가 (공장 내부의 묘하게 구수한 냄새는 이 전분 때문에 나는 것이었다) 등등 복잡한 문제가 한두 가지가 아니다. 복잡한 건 공장 사정이고, 간단하게 말하면 조각낸 나무를 곤죽으로 만들어 납작하게 누른 다음 길게 늘인 게 종이다.

공장 천장에 달려 있는 기계는 거대한 종이 두루마리를 연신 이리저리 옮기고 있었다. 공장 바닥에도 수많은 두루마리가 뒹굴고 있었다. 하얗고 거대한 두루마리를 보고 있으니 안쓰럽기도 하고, 무섭기도 했다. 저게 다 나무란 말이고, 우리가 저 큰 두루마리에다 하염없이 계속 그리고 쓴단 말이지. 거인의 화장실용 두루마리라고 하면 딱 좋을 것 같은 크기의 종이를 전부 우리가 쓰고 있다는 말이지. 그 종이로 우리는 신문과 잡지를 만들어 서로 정보를 공유하고, 연애편지를 써서 사랑을 완성하고, 화장실에서 볼일을 완성하고, 소설을 쓰고 읽으면서 울고 웃는다.

종이가 없었다면 우리는 지금보다 덜 현명한 사람이었을 것이고, 덜 낭만적인 사람이었을 것이고, 덜 아는 사람이었을 것이고, 덜 사랑하는 사람이었을 것이다. 우리의 가장 큰 과제는, 어떻게 하면 종이를 덜 사용하면서도 더 현명하고 더 사랑하는 사람이 될 수 있을 것인가이다. 어떻게 하면 지구를 덜 쓰면서 세계에 대해 더 많이 알 수 있을까.

제지 공장을 처음으로 선택한 것은 일종의 워밍업이었고, 고사 같은 것이었다. 공장 이야기로 종이를 많이 낭비할 것 같으니 제지 공장부터 들러야 할 것 같았다. 앞으로의 다짐이랄까. 말 타고 먼 산 보듯 공장을 훑어본 다음 집으로 돌아오는 기차를 기다리고 있는데, 속이 울렁거리고 메슥거리기 시작했다. 전분 때문에 공장 전체에서 구수한 냄새가 난다고 좋아했는데, 그게 전부가 아니었다. 당연히 그게 전부일 리 없었다. 공장에게 변명한다면, 거기서 일하시는 분들에게 변명하자면, 내가 좀 예민한 사람이다. 새로 지은 건물에는 (새집 증후군 때문에) 얼씬도 하지 않는 사람이다. 이런 사람이 공장 산책기를 시작했으니 걱정이 이만저

만 큰 게 아니다. 이번에는 말 타고 먼 산 보듯 훑어봤지만 다음
부터는 좀 더 꼼꼼하게 공장 속 깊이 들어가볼 생각이었는데, 거
참 잘될지 모르겠다.

노트 탐험기

오래전부터 (컴퓨터 프로그램이자 모바일 어플리케이션인) '에버노트'를 사용하고 있다. 처음에는 흔해빠진 메모 어플이라고 생각했는데, 쓸수록 그 진가를 확인하고 있다. '에버노트'의 가장 강력한 기능은 거기에다 모든 걸 넣고 싶어진다는 것이다. 사진도, 소설도, 에세이도, 메모도, 아이디어 노트도, 녹음 파일도, 그림 작업도 다 집어넣고 싶다. 자랑스러운 기억도, 불쾌했던 경험도, 부끄러운 작업도 거기에 다 넣어두고 싶다. 오직 에버노트에만 자료들을 차곡차곡 쌓아두고 있다. 에버노트의 자료가 나의 역사가 되는 것이다. 멋지지 않은가……, 라고 말하려고 보니 뭔가 께름칙하다. 가만히 생각해보니 이런 경험이 한두 번이 아니다.

자료를 한 군데다 정리하려는 마음의 역사는 아주 오래전부터 시작됐다. 고등학교 때는 '하나수첩'을 썼다. 내 기억으로는 참고서를 사면 주었던 수첩이었던 것 같다. 지금도 1986년의 '하나

수첩'을 가지고 있는데, 하루하루의 메모를 들여다보고 있으면 한심하기도 하고 귀엽기도 하고 새삼스럽기도 하다. 빈 종이에는 '들국화'의 노래 〈행진〉 가사를 적어두었고, 한용운의 시 〈나룻배와 행인〉도 적어두었다. 1월 25일에는 들국화의 공연장에 다녀왔다는 메모가 적혀 있고, 2월 13일에는 레코드 가게 '파노라마'에서 '유지연'의 엘피를 샀으며, 3월 25일에는 영문을 알 수 없는 이런 메모가 적혀 있다. '생활 기록부, 지우개, 연필, 엽서, 성룡 사진 5장, 마돈나, 듀란듀란.' 학교 갈 때 챙겨 가야 할 물건을 적어놓은 것 같은데, 도대체 성룡 사진을 학교에 왜 들고 갔던 것일까? 그런 사진을 누굴 주려고? 다 이유가 있었겠지. 기록과 사실은 남았지만 기억은 없다. 수첩 전체에 이런 메모가 가득하다. 한 가지 새롭게 안 사실. 흠, 고등학교 1학년 때 내 키가 벌써 178센티미터였군.

뭔가를 끊임없이 기록하려는 이 마음이 어디서부터 시작된 것인지 모르겠다. 내 것이라곤 작은 수첩 하나밖에 없었던 어린 시절의 결핍 때문일까, 아니면 아무것도 아닌 사람으로 끝날 수 없다는 존재의 증명이, 부지런하게 나를 단련하여 성공하고 싶다는 열망이 메모로 드러나는 것일까, 혹은 뭔가를 끼적이고 적는 것이 그저 즐거웠던 것일까.

어린 시절부터 끊임없이 뭔가 끼적이고, 낙서하고, 그리고, 적었다. 종이와 연필만 있으면 늘 뭔가 적었다. 대학생이 되어서는 큼지막한 노트를 사서 기나긴 이야기를 적었다. 일기도 있었고, 허무맹랑한 공상도 있었고, 누군가에게 보내는 편지도 있었다. 군대에 갔을 때는 편지지를 메모지로 썼다. 편지지를 여덟 번 접어서 작은 수첩처럼 만든 다음 그걸 언제나 주머니에 넣고 다녔다. 거기에다 빼곡하게 일기를 썼다. 그때 쓴 편지지의 메모를 보고 있으면 군대 시절의 쓸쓸한 내가 떠올라 마음이 시큰할 때도 있다. 한번 상상해보시면 좋겠다. 키 크고 덩치 큰 한 이등병이 초소에 기대서서 작은 편지지와 모나미 볼펜을 들고 메모하는 모습, 어쩐지 궁상맞고 슬프지 않나.

회사를 다닐 때는 '프랭클린 다이어리'를 쓴 적도 있다. 목표를 정하고, 계획을 수립하고, 시간을 쪼개고, 업무를 달성하는 프랭클린 다이어리는 나와 잘 맞지 않았다. 거기에는 여백이 없었다. 목표를 정한 다음 낙서를 좀 해야 하는데, 시간을 쪼갠 다음 쪼갠 시간에다 낙서를 좀 해야 하는데, 그럴 틈이 없었다. 가죽 장정의 다이어리는 무척 멋있었지만 1년 만에 노트를 바꾸고 말았다.

그다음으로 좋아했던 노트는 '양지수첩'과 '몰스킨'이었다. 두 수첩은 무척 대조되는 물건이다. '양지수첩'에다 뭔가 적을 때 하루하루 일상을 구축해나가는 기분이 든다면, '몰스킨'은 새로운 일상을 창조해나가는 기분이 든다. 장단점이 있다. 둘 중 조금 더 사랑하는 '몰스킨'은 우선 수첩 자체가 아름답다. 크기도 적절하고 구성도 단순하다. 수첩을 펼치면 거기에 뭘 적고 싶어지고, 거기에 적는 글들은 무척 아름다운 글이 될지도 모른다는 망상을 품게 한다. 그런 일은 자주 없지만 '몰스킨'에다 메모하는 순간만큼은 엄청난 작가로 사는 것 같은 기분이 든다.

언제부턴가 365일 다이어리는 잘 쓰지 않게 됐다. 적을 게 없다. 새롭게 발견하는 일상의 기쁨도 줄어들고, 새롭게 만나는 사람들에 대한 감상도 평이하다. 수첩 속 빈 공간들을 보고 있으면 삶이 쓸쓸해진 것 같아 마음이 허할 때도 있다.

에버노트에다 예전의 메모들을 조금씩 모아 담고 있다. 흩어져 있던 메모와 노트를 모아보고 있다. 그걸 다 모으면 어떤 그림이 완성될까. 낙서하고 기록하고 흔적을 남긴 나의 모습들을 일렬로 나열했을 때, 내 삶이 보일까? 그 기록 속에서 내가 보이지 않을까 봐, 글이나 기록이나 메모가 실은 아무것도 아닌 것으로 판명될까 봐, 무섭기도 하다. 어쨌거나 오늘도 나는 쓰고, 기록하고, 남기고, 낙서하고, 또, 쓴다.

02

알고 보니
은하 콘돔

★

콘돔 공장 산책기

콘돔을 생각하면 떠오르는 명장면이 하나 있다. 이명세 감독의
영화 〈나의 사랑, 나의 신부〉에서 박중훈은 마스크를 쓰고 약국
에 들어가 중얼거린다. "저어기, 콘, 콘……." 박중훈을 위아래로
훑어보던 약사가 묻는다. "콘택600 드려요?" 박중훈은 계속 '콘'
이라는 글자만 반복한다. 약사가 다시 묻는다. "콘택트렌즈요?"
박중훈은 결국 '콘돔'이라는 단어를 꺼내지 못하고 밖으로 나갔
다가 다시 들어가 소리 지른다. "콘돔 하나 주세요."

　〈나의 사랑, 나의 신부〉가 1990년 영화이니 20년도 더 넘은
일이다. 영화 속 장면 말고도 그 시절엔 콘돔에 관한 농담이 많았
다. '콘택600'이라고 해야 할 걸 '콘돔600'이라고 말해서 약국을

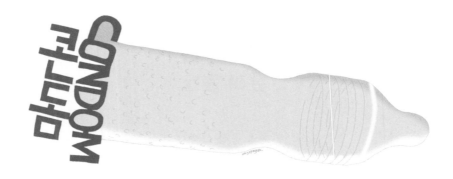

발칵 뒤집어놓았(다가, 콘돔600이면 발기가 열두 시간 지속되냐는 음담이 곁들여지며 한 번 더 약국이 뒤집어졌)다는 일화도 있었고, '콘도에 놀러 가자'라고 해야 할 걸 '콘돔 가자'라고 했다가 여자친구에게 뺨을 맞았다는(믿거나 말거나 한) 일화도 있었다. 모두 '콘돔이라는 금기어' 때문에 생긴 일들이다. 그깟 콘돔이 대체 뭐라고 콘돔을 콘돔이라 부르지 못하는가 말이다.

그사이 세상은 많이 바뀌었다. 텔레비전에서 콘돔 광고를 절찬리에 방송 중이고, 다양한 종류의 콘돔을 파는 가게도 생겼다. 콘돔이라는 단어를 발음하는 건 여전히 조금 민망하지만 콘돔은 우리 주위에 널려 있다. 앞으로 콘돔이라는 단어를 수도 없이 보게 될 테니 미리 마음 단단히 잡수시길 바란다. 콘돔의 일상화를 위해 모두 함께 입 밖으로 콘돔 3회 복창하고 시작하겠다. 콘돔, 콘돔, 콘돔. 거, 뒤쪽에 계신 분들, 중얼거리지 말고 크게 소리치세요. 콘돔, 콘돔, 콘돔.

물 샐 틈 없이 발전하고 있다

콘돔 공장에 가보고 싶다는 생각과 함께, 콘돔이 산처럼 쌓여 있는 장면을 떠올려보았다. 상상하기 힘들었다. 콘돔은 어떤 모양으로 쌓여 있을까. 포장된 채 쌓여 있을까, 아니면 추욱 늘어진 채 쌓여 있을까, 아니면 흠흠, 그것이 뭐랄까, 도로록 말린 채로 쌓여 있을까, 나도 모르게 막 상상을 하게 되는데 상상이 잘 안 되는 풍경이었다.

혹시 아직까지도 잘 모르는 사람이 있을지 모르므로 (또는 모르는 척하는 사람들의 귀에 못이 박히도록) 간단하게 설명하자면, 콘돔은 성교 중 남자의 발기된 음경에 씌우는 천연 고무 혹은 폴리우레탄 재질의 피임 도구이다. 콘돔의 시초에 대해서는 의견이 분분하지만 최소 400여 년 전부터 쓰였다는 기록이 있다. 염소의 장으로도 만들었고, 동물의 뿔로도 만들었다. 오래전부터 콘돔을 써왔고, 예나 지금이나 기능에는 큰 변화가 없다. 임신을 막고 질

병을 예방하는 것이다. 콘돔의 역사는 인간의 쾌락 추구의 역사이기도 하다. 당연한 말이겠지만, 성교 시에 콘돔을 쓰는 동물은 인간뿐이다. (이렇게 말하고 보니 갑자기 자신 없어진다. 설마, 어떤 동물이 쓰고 있진 않겠지? 세상에는 우리가 모르는 동물이 무척 많으니까.) 인간은 종족 번식의 본능을 유지하면서 때로는 쾌락을 위해 성교를 해왔다. 임신의 횟수를 줄이고, 쾌락의 횟수를 늘리기 위해서는 콘돔이 꼭 필요했을 것이다.

콘돔의 발전은 쾌락의 극대화를 향해 이루어지고 있다. 마치 착용하지 않은 것처럼 더 얇게, 더 부드럽게, 무엇보다 물 샐 틈 없게 발전하고 있다. 성교할 때마다 '내가 더럽니?' 느낌이 안 좋아서 빼고 해야겠어'라며 콘돔을 사용하지 않는 남성들을 위해서, 순간의 쾌감을 위해 임신의 가능성을 떠안는 (혹은 여성에게 떠넘기는) 위험한 남성들을 위해서 콘돔은 계속 발전하고 있다. 콘돔 공장에서 콘돔 제조 경력 30년의 베테랑 직원을 만났는데, 예전에 비하면 제품의 질이 말도 못하게 좋아졌다고 한다. 한국은 세계에서 손꼽히는 콘돔 생산 강국이 됐다. 쓰는 사람은 별로 없어도 만드는 건 잘하고 있다. 무려 60개국 이상으로 수출하고 있다.

콘돔으로 수다 떠는 사람들

콘돔 공장에 들어서면 잠깐 어질어질하다. 강한 냄새가 코를 찌르고 눈이 따끔거린다. 이게 무슨 냄새였더라, 생각해보니 홍어 향이다. 홍어 향이란 암모니아 향이다. 알고 보니, 라텍스를 보존하는 액의 성분이 암모니아라고 한다.

제조 방식은 간단하다. 강화유리로 만들어진 몰드가 배합 숙성된 라텍스를 지나간다. 몰드에 입혀진 라텍스가 굳으면서 콘돔이 되는 것이다. 유리 몰드 표면에 묻은 라텍스는 열풍 건조실을 통과하며 건조되고, 안정적인 피막을 생성하기 위해 같은 작업이 한 번 더 반복된다. 다음으로 회전 브러시가 콘돔의 상단에 테두리를 만든다. 몰드에서 분리된 콘돔은 고무 특유의 들러붙는 성질을 없애기 위해 적정 온도로 가열된 물속에 담가뒀다가 꺼내게 된다.

문제는 제조가 아니라 검사다. 제조 공장은 대부분 자동화가 되어 있어 사람이 거의 필요 없다. (하긴, 암모니아 속에서 일하기가 쉽지 않겠지.) 공장에서 가장 많은 인력이 배치된 곳이 바로 검사실이다. 설마 그 많은 콘돔을 일일이 검사할까 싶지만 실제 그렇게 한다. 생각해보면 당연한 일이긴 하다. 플라스틱 바가지를 만드는 공장이라면 불량품이 생겨봤댔자 바꿔주면 그만이다. 밖에서 새는 바가지 새 걸로 교체해주면 그만이다. 하지만 콘돔은 사정이 다르다. 극단적으로 생각하면, 불량품 하나에 아이 한 명이다.

1차 검사를 위해 성형이 완료된 제품을 회전식 원통에 넣고 수분을 완전히 제거한다. 외관상의 불량품을 선별한 다음 콘돔 모양의 철형에다 콘돔을 하나씩 끼운다. 철형을 물에 통과시키면서 철형과 물에다 전압을 가한 다음 제품의 핀홀 부분에 흐르는 전류를 측정하여 불량품을 선별한다. 쓰고 보니 무척 복잡한 이야기 같지만, 모든 콘돔을 일일이 검사한다는 이야기다. 바닥에 쌓여 있는 하얀 콘돔들을 보고 있으면 아득한 기분이 들기도 하고, 콘돔을 철형에다 끼우는 직원들의 정확하고도 재빠른 손놀림을 보고 있으면 뭔가 그로테스크한 상상이 마구 펼쳐지기도 한다. (어떤 상상을 했는지는 비밀입니다.)

콘돔 공장에서 가장 재미있었던 곳은 공장 사무실이었다. 멀리서 찾아온 손님을 위해 공장 관리 직원들이 시간을 내주었다. 공장을 한 바퀴 휙 둘러보고 온 나를 위해 직원 한 분이 특강을 하기 시작했다. 특강이 시작되자 여기저기서 한마디씩 거들었다. 공장 관리 직원 두 명, 우연히 만나게 된 콘돔 생산 30년 경력의 베테랑 직원, 홍보부 직원 한 명, 그리고 나, 다섯 명 모두 남자였다. 이야기의 주제는 콘돔뿐이었다. 이건 무슨 예비군 훈련장도 아닌데, 참 재미있는 얘기들을 주고받았다.

콘돔 공장의 외관을 사진으로 찍어 왔는데, 보면 볼수록 정감이 간다. 빈티지스럽다고 해야 할까, 클래시컬하다고 해야 할까, 아무튼 무척 예스러운 건물의 하얀 외벽에 '우리 상품 일등 상품, 알고 보니 품질 관리'라는 표어가 참으로 예스러운 글씨체로 붙어 있어서 자꾸만 보게 된다. '알고 보니 품질 관리'라는 표현이 참 귀엽다. 마치 정답을 몰랐다는 듯, 뒤늦게 알게 됐다는 듯, 능청스럽다. 표어를 보고 있으니 오래전 출산 정책 관련 표어가 자연스럽게 생각났다. 강렬한 게 많았다. 1960년대에는 '덮어놓고 낳다 보면 거지꼴을 못 면한다'였고, (세상에, 국민들에게 이런 협박을!) 1970년대에는 '딸 아들 구별 말고 둘만 낳아 잘 기르자'였고, 1980년대에는 '둘도 많다 하나 낳고 알뜰살뜰'이었고, 2000년대에는 '낳을수록 희망 가득, 기를수록 행복 가득'이었다. 그 시대를 선명하게 보여주는 표어들이다. 그렇게 어렵게 태어난 아이들이 요즘에는 표어처럼, 공장의 제품처럼 ('우리 아이 일등 아이, 알고 보니 성적 관리'로) 관리되고 있는 게 아닌가 하는 슬픈 생각도 든다.

클래시컬한 공장 안의 클래시컬한 사무실에는 클래시컬한 책상과 의자가 잘 정돈돼 있었는데, 이렇게 예스러운 사무실에서 콘돔 이야기를 열심히 나누다 보니, 참으로 어울리는 풍경이라는 생각이 들었다. 직원 한 분이 화이트보드에 콘돔의 종류를 그림으로 그려주고, 또 한 분은 빠뜨린 부분을 추가해주고, 또 한 분은 콘돔의 제조 역사에 대해 설명해주는데, 그걸 들으며 무척 행복하다는 생각이 들었다. 우리가 필요로 하는 것들을 어디선가 이렇게 열심히 만들고 있다. 공장 취재를 다니면서 경험하는 가장 즐거운 순간이다. 공장에서 콘돔을 설명해준 분들은 (물론 내가 모르는 고충이 많겠지만) 신 나 보였고, 재미있어 보였다. 남자 네 명이 (말이 좋아) 클래시컬한 사무실에 앉아서 콘돔 이야기를 하는 내내 웃음이 끊이지 않았다.

"아, 그러니까 폭이 있어요. 이게 52미리가 있고, 53미리가 있고, 그러니까, 동그란 걸 바짝 눌러놨을 때 사이즈가 52, 53미리라는 건데, 저어기, 유럽 쪽 사람들은 거기가 좀 커서요, 아니다, 미국 쪽이 더 큰가, 아무튼 동양 사람들은 51미리가 가장 좋다고 하더라고요."

얼굴이 발그스름해지며 이런 이야기를 하면 옆에 있던 직원 분이 "콘돔 사이즈는 유리 몰드에 따라 달라지는 거예요. 공장 전체에 있는 유리 몰드가 3400개쯤 되는데, 다른 스타일의 콘돔을 생산하려면 직원들이 다 달라붙어서 하루 종일 유리 몰드 교체 작업을 해요. 유리 몰드 하나에 10달러 정도 하는데, 품질에 따라 가격 차이가 꽤 납니다"라는 설명을 곁들여준다.

콘돔에 바람 넣는 연구실

201310hyuk

　　콘돔에서 나는 과일 향으로 이야기의 주제가 넘어가자 모두들
한번 피식 웃는다. "별의별 향이 다 있어요. 우유도 기본 우유가
있고 딸기 우유, 초코 우유가 있잖아요. 콘돔에도 기본 고무 냄새
나는 게 있고, 딸기, 살구, 포도, 멜론, 오렌지……, 종류가 많아요.
자극적인 냄새보다 과일 향이 보편적이죠." 소믈리에처럼 우아하
게 콘돔 향의 기본적인 설명을 끝내면, 30년 경력의 베테랑 직원

이 "1990년대 중반부터 향이 나는 콘돔을 생산하기 시작했어요. 그전에는 그냥 고무 냄새만 났지. 그때는 지금에 비하면 수준이 낮았어요. 콘돔 포장할 때 들어가는 오일도 양을 정확하게 맞추지 않았어요. 이제는 요구 사항이 많아지니까 품질도 많이 좋아졌지"라는 연륜 가득한 설명을 더한다.

콘돔의 향은 마지막 포장 단계에서 실리콘 오일과 함께 더해지는데, 실리콘 오일에 대한 이야기가 나오자 모두들 사뭇 진지해졌다. 콘돔은 왜 멸균 처리를 하지 않냐는 문제가 제기됐고, 우선 공장 내의 온도가 높기 때문에 공정 자체에서 균이 사라진다는 의견이 있었다. 한쪽에서 '실리콘 오일은 친유성도 아니고 친수성도 아니기 때문에, 친수성 물체에서 기생하는 대장균들이 기생 및 증식을 하지 못한다'는 전문가적 설명을 내놓자 모두들 고개를 끄덕였다.

콘돔에 대해서라면 밤새 이야기를 해도 시간이 모자랄 사람들이었다. 이렇게 콘돔 이야기를 잘하는 데에는 이유가 있었다. 직원들이 해외 파견 근무를 갈 때면 여러 직종의 공장 사람들이 함께 교육을 받게 되는데, 그때 콘돔 공장 직원들의 인기가 최고라고 한다. 콘돔 공장에서 왔다고 하면, 일단 질문이 쏟아진다. 콘돔의 사용법도 물어보고, 어떻게 해야 발기를 오래 지속시킬 수 있는지도 물어보고(아니, 그걸 콘돔 공장 직원에게 왜 물어봅니까!)

콘돔을 공짜로 얻을 수 있는지도 물어본다. 그런 자리가 잦다 보니 모두들 기본 30분은 콘돔과 성생활에 대해서 '썰'을 풀 수 있는 경지에 이르렀다.

'은하'라는 이름, 아름답다

사람들이 가장 궁금해하는 것 중 하나가 '불량 콘돔'에 대한 것이었다. 사용할 때마다 '혹시나' 하는 마음이 든다는 것이다. 그럴 때면 콘돔 사용법에 대한 강의도 해준다. 콘돔은 생산 과정에서 전수 검사를 하기 때문에 '구멍 난 콘돔'이 생길 경우는 거의 없다. 유통 과정에서 상할 수도 있지만 대부분의 '불량'은 사용법을 잘 모르기 때문에 생기는 것이다. 가장 많은 불량이 생기는 이유는 여자들의 손톱 때문이다. 콘돔을 개봉하는 과정에서 손톱 때문에 찢어지기도 하고, 만지는 과정에서 찢어지기도 한다.

　콘돔을 개인적으로 제작하는 사람들도 있다고 한다. 한국에서는 보기 어렵지만 외국에서는 개인적으로 장비를 마련해놓고 '장인 정신'에 입각해 콘돔을 만든다는 얘기다. 라텍스와 다른 물질을 혼합하고, 직접 제작한 유리 몰드를 직접 라텍스에 담갔다가 꺼내길 반복한 후 잘 건조시키면 세상에 하나뿐인 콘돔이 만들어지는 것이다. 안전성을 확인할 수 없는 콘돔을 누가 살지는 모르겠지만 풍경은 기가 막히게 그로테스크할 것 같다. 황량한 벌판에 세워진 창고로 한 남자가 들어간다. 남자는 특이하게 생긴 유리 몰드를 조심스럽게 라텍스에 담갔다가 꺼낸다. "에잇, 실패야, 이게 아니야." 콘돔을 찢어버리고 다시 유리 몰드를 라텍스에 넣는다. 수많은 반복 끝에 남자는 결국 균일한 라텍스를 유리 몰드에 입히게 되고, 콘돔 생산에 성공하게 되는 것이다. 한국에서는 콘돔이 의료 기기 3등급으로 분류돼 있기 때문에 심사를 받지 않은 콘돔은 판매가 불가능하다. 가끔 장난감 형태의 '완구' 콘돔이 있지만 아무도 성능을 보장해주지 않는다.

화이트보드에 그림까지 그리면서 열심히 강의해준 직원에 따르면 콘돔의 형태에는 크게 네 종류가 있다. 밋밋한 일반형이 있고, (지도의 등고선처럼) 굴곡이 있는 칸투어(Contour)형이 있고, 링이나 작은 점이 솟아 있는 돌기형 콘돔이 있고, 칸투어형에다 링과 돌기까지 들어가 있는 이른바 '총합형'이 있다. 구체적이고 정확한 명칭은 잘 모르겠지만 직원들끼리 쓰는 용어는 따로 있었다. 밋밋한 일반형은 '민짜'라고 불렀다. 링이 들어가 있는 것은 '링'이라 불렀고, 굴곡이 있는 것은 '콘추라'고 불렀다. 마지막으로 돌기가 있는 것을 '은하'라고 불렀다. 영어로 쓸 때 'dotted'라는 단어이고, 점점이 박혀 있다는 뜻인데, 이걸 '은하'라고 불렀다. 어떤 사람이 맨 먼저 '은하'라는 이름을 붙였는지 모르겠지만 아름다운 이름이다.

　자작 표어로 마무리하겠다. '우리 상품 도트 콘돔, 알고 보니 은하 콘돔.'

갑 티슈

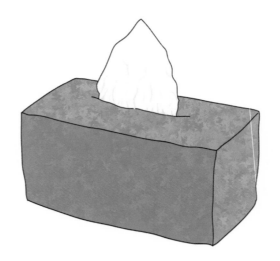

갑 티슈를 보며 시간을 생각한다.
아직 오지 않은, 닥치지 않은
가지런하게 쌓여 있는 시간들.

한번 뽑히면 절대 되돌아갈 수 없다.

인공 눈물

누군가 흘린 눈물을
내 눈에 넣는 기분이다.
누군가 나 대신
울어준 것 같다.

03

시작과 끝이
일치하도록 한다

★

브래지어 공장 산책기

사랑에 빠지면 온 세상이 아름답게 보이는 것처럼 공장 이야기를
하다 보니 세상의 모든 일들이 공장과 연결돼 있는 것 같다. 텔레
비전을 틀어도 나를 위한 공장 이야기가 나오고 (내가 그런 프로
그램들만 봐서 그런 거겠지) 거리를 지나다 문득 창을 들여다보면
(하필) 무언가를 열심히 만드는 사람들을 보게 된다. 아, 우린 참
열심히 만들고 있구나. 특이하거나 재미난 제품을 보게 되면 이
건 또 어디서 만들었을까 제조지 표시를 보게 되는데, 역시 중국
은 크고도 넓은지 어지간한 제품은 다 중국에서 만들더라. 중국
에서도 참, 열심히 만들고 있구나.

　세상에는 수많은 공장이 있어서 그중 하나를 선택하기가 여

간 힘든 게 아니다. 보고 싶은 공장은 많고, 지면은 한정돼 있으니 편집자와 상의를 하게 되었는데, 편집자가 '브래지어 공장 어떠냐?'고 물어봤을 때, 마음속에서 '흐음' 하는 감탄사가 흘러나왔다. '흐음'에는 여러 가지 의미가 담겨 있었다. 우선, 브래지어 공장을 다녀와서 내가 할 만한 이야기가 있을까 싶었고, (흐으음) 브래지어 공장에 가서 표정 관리를 잘할 수 있을까 싶기도 했고, (흐, 흐음) 어떻게 만드는 것인지 정말 궁금하기도 했다. (흐음.)

브래지어에 대해서는 아는 게 거의 없었다. 훅 풀 줄만 알았지 (흐음) 80B가 어떤 의미인지, 왜 컵 사이즈는 A부터 시작하는지 모르는 것 투성이였다. 전혀 몰랐던 물건이니 어쨌거나 신기하긴 할 것 같다는 마음으로 브래지어 공장을 찾았다.

브라보! 브라자!

30년 동안 여자 속옷 생산에만 몰두하고 계신 남자 사장님이 반갑게 맞아주셨는데, 알고 보니 그날 공장에 남자는 우리 둘뿐이었다. 전 직원이 (사장님 포함) 42명이었는데, 여자 직원이 40명이었고 남자 직원 한 명은 외근 중이었다. 나는 브래지어란 무엇인가에 대해 담담하게 물어보려는 것인데, 사장님이 브래지어를 만지작거리면서 말하는 통에, 나는 왜 그런지, 낯이 빨개지고, 빨개진 내 얼굴을 보신 사장님은, 하하, 얼굴이, 빨개졌네요, 이걸 만지기가 서먹서먹하잖아요, 저는 오랫동안 만져서 이게 브래지 어처럼 보이지 않고 그냥 제품으로 보이니까, 만지작거리면서 일을 하지요, 저도 처음엔 손으로 못 만지고 드라이버로 들어서 봤어요, 라는 말을 들으니 그럴 수밖에 없겠고 그게 당연하다는 생각이 들었지만, 브래지어의 컵을 또 그렇게 대놓고 만지시니, 참 이상하게도 몸 둘 바를 모르겠는 건 왜였을까.

사장님이 이런저런 얘기를 들려주시다 '브래지어'를 '브라자'라고 발음하는 순간, 그 한 마디에, 나는 순식간에 어린 시절로 돌아갔다. 막 성에 눈뜨던 시절, 이성이란 게 뭔지 궁금하고, 여자들은 어떻게 살아가는지 궁금하던 시절이었다. 뭐든 다 부끄럽고, 민망하고, 어쩔 줄 모르게 되는, 그런 시절이었다. 학교 수업 시간, 책상 아래에다 '여성지'를 펼쳐놓고 읽다 속옷 광고에 흠칫 놀라곤 했다. 그때는 정말 브래지어 광고만 봐도 막 떨리고 그랬다. 여자 모델의 얼굴은 기억나지 않고 브래지어와 팬티만 기억났다. 브래지어의 컵 사이에 깊게 파인 골만 봐도 온몸이 파르르 떨려서, 그걸 선생님이 지켜봤다면 저 녀석 어디 아픈 게 아닐까 걱정했을 정도로 예민하던 때였다.

물론 집에도 여자 속옷은 있었다. 빨랫줄에는 늘 어머니의 속옷이 널려 있었다. 아마도 어머니에게서 (브래지어의 일본화된 발음일) '브라자'라는 단어를 처음 들었을 것이다. 어머니가 '브라자'라고 부르면, 나는 그 발음이 부끄러웠다. 브라자, 라고 하는 순간 부끄러움이 사라지고 모든 걸 까발리는 것 같았다. 그때는 '브래지어'라는 단어를 알지도 못했기 때문에 그 물건을 어떻게 불러야 할지 알 수 없었다. 친구들과 함께 있을 때 가끔 '브라자'라고 발음해보곤 했다. 그러면 어쩐지 나도 모르게 낯이 뜨거워졌다.

1970년대에는 '브라자'가 표준어이기도 했다. 광고에서도 '브라자'라는 단어를 썼다. 지금은 대부분 브래지어로 발음하지만 공장에서는 오히려 '브라자'가 더 맞는 표현일지도 모르겠다. 우선 발음하기가 편하니까. 자, 직원 여러분, 다음으로 만들 '브래이지어'를 알려드릴게요, 보다는 '자, 다음 브라자!'라고 하는 순간 작업 공정이 한 2초 앞당겨졌군요.

브래지어는 남자들을 (낯) 뜨겁게 하는 물건이면서 여자들의 역사에서도 꽤 중요한 제품이다. 여자들의 몸이 얼마나 아름다울 수 있는지 보여준 게 코르셋이었다면, 브래지어는 여자들도 간편한 차림으로 많은 일을 해낼 수 있다는 가능성의 상징이었다. 여자들은 코르셋 대신 브래지어를 입고 산업 전선에 뛰어들었다. 생각해보면 어머니의 '브라자' 역시 여자의 속옷이었다기보다 '일하는 여자'의 작업복이었을 것이다.

쓸쓸한 공장의 풍경

브래지어 공장의 ㄱ 사장님은 1984년부터 브래지어를 만들었다고 한다. 생산과장이던 시절, 전설의 '틴틴브라'도 직접 생산했고, 1998년 퇴사하여 자신의 공장을 세운 후 지금까지 1500여 모델이 넘는 브래지어를 만들었다. 형상기억합금 와이어 같은 신기술이 도입되기도 했고, 재료가 고급스럽게 바뀌기도 했지만 브래지어를 만드는 원리는 예나 지금이나 크게 변하지 않았다. ㄱ 사장님은 생산과장이었을 때 작성한 작업 지시서를 지금도 가지고 있었는데, 보고 있으면 외래어를 보는 것 같다.

속 컵은 다트 본봉〔끝이 뾰족하지 않게 2.4cm(공통) 자연스럽게 굴리고 시접. 옆선 쪽으로 꺾음〕겉 컵은 표시점 간 주름 잡기(3cm 공통). 겉, 속 컵 씌워 부직포 끝에서 9mm 안쪽에서 지봉 후 시접으로 부직포 끝 감싸 2mm 안쪽에서 1줄 더 지봉하고 앞 중심과 날개 위로 겹쳐 본봉.

이런 지시문이 한두 개도 아니고 수십 개 있다. 여러 개의 조각 천으로 브래지어를 만들 듯 많은 사람들이 각자의 분야를 맡아 제품을 완성한다. 아주 작은 부분까지 세분화되어 있다는 건

(하나의 브래지어에 들어가는 자재는 스무 가지 이상이다) 그만큼 브래지어를 만드는 게 어려운 작업이라는 뜻일 것이다.

공장에 들어서면 마치 독서실에 들어온 것 같은 착각이 든다. 모두 자신의 자리에서 묵묵히 자신의 작업을 하고 있다. 재봉틀 움직이는 소리, 라디오 소리가 바닥을 흐르고 사람들의 말소리는 거의 들리지 않는다. 내가 한 일이 다음 사람에게 영향을 미치고, 나의 작업 속도가 다음 사람의 작업에 영향을 미치는 장소의 묵직한 침묵이다.

ㄱ 사장님은 마치 재미있는 걸 보여준다는 듯, 모델의 사이즈별 수량표를 보여주셨다. 75A부터 85D까지 중 어떤 사이즈를 가장 많이 만들겠냐고 물어보셨다. 말하자면, 표준 체형 같은 것인데, 아니, 사장님, 저를 어떻게 보시고, 제가 그런 걸 왜 궁금해하겠어요, 라고 발끈하면서도, 다시 생각해보니 궁금하기도 하여 자세히 들여다보니……, 아, 그전에 브래지어를 만드는 과정부터 살펴보자. 결과 발표는 조금만 기다려주세요.

브래지어 공장에 간다고 하자, 주위에서 다양한 반응을 보였다. '공장 직원의 남녀 비율이 궁금하다'는 사람도 있었고, '공장 견학을 가면 회사 제품을 선물로 주기도 하던데 브래지어 공장도 그럴지 궁금하네'라는 사람도 있었다. (선물로 주기에는 제품이 고가다. 미니어처 같은 게 있으면 또 모르겠지만. 브래지어 미니어처라

니, 그것도 좀 이상하다.) 그중에서 가장 난처했던 것은 "야, 세상
에 재미있는 일은 네가 다 하는구나"라며 음흉한 웃음을 짓는 친
구의 반응이었다. 도대체 뭘 상상하는 건지 모르겠다. 브래지어
를 만들고 있는 아리따운 아가씨와 눈이라도 마주쳐서 얼굴이 새
빨갛게 변하는 내 모습을 상상하는 것일까. 사무실에서 브래지어
를 대할 때는 어쩐지 서먹서먹하고 민망했는데 막상 공장에 들어
가 수많은 브래지어 속에 파묻히고 나니 그럴 일이 없었다. 공장

의 브래지어들은 아직 브래지어가 아닌, 곧 브래지어로 탈바꿈하게 될 천 조각들이었다.

브래지어를 만드는 첫 번째 과정에서 마법이 시작된다. 여러 조각의 천을 이리저리 이어 붙이고 박음질하고 나니 예쁘고 봉긋한 '컵'이 탄생했다. 재봉틀을 돌리던 분은 별일 아닌 것처럼 태연했지만, 내가 재봉틀을 몰라도 너무 몰라서 그러는 것이겠지만, 나는 아무리 봐도 그 작업의 과정이 신기했다. 그건 마치 흩어진 꽃잎을 모아서 봉오리를 탄생시키는 일 같았다. 빗방울들을 모아 구름을 만드는 일 같았고, 해체된 것들을 모아 원래의 완성체로 변모시키는 작업 같았다.

컵을 만드는 직원뿐 아니라 공장의 직원들 손놀림도 하나같이 예사롭지 않았다. 능숙하다 못해 눈을 감고도 모든 일을 처리할 수 있을 것처럼 부드러웠다. 컵을 덧씌우고, 어깨끈과 잇고, 와이어를 넣고, 컵이 눌리지 않게 포장하고 마무리하는 여러 가지 작업들이 조용하고 끊임없이 흘러가고 있었다. 문득 돌아보니 젊은 여자 직원은 한 명도 보이질 않았다. 공장에서 가장 어린 직원은 37세였다. 예전에는 젊은 여자들이 주로 봉제 작업을 했는데, 그 여자들이 지금도 계속 작업을 하고 있다. ㄱ 사장님의 설명에 따르면 '일본에는 예순 넘은 사람들이 돋보기 쓰고 봉제 작업을 한다는데, 우리나라도 똑같이 닮아가고' 있다. 창밖에서는 수많은 풍경들이 바뀌고, 벽에 걸린 세월의 시계는 빠르게 움직이지만 재봉틀 앞에서 일어서는 사람은 없고, 새롭게 들어오는 사람도 없으며, 재봉틀 앞에 앉은 사람들이 조금씩 늙어가는, 어쩐지 쓸쓸한 공장의 풍경이다.

우리 모두 좋은 라인이 되도록 한다

직원들이 고령화되고 전문화되다 보니 공장 운영에서 가장 힘든 점이 인력 관리다. 라인에서 한 명이 빠져나가면, 정확히 그 일을 할 수 있는 대체 인력을 구하기가 쉽지 않다.

ㄱ 사장님이 수십 년 동안 모아놓은 작업 지시서에는 어려운 용어뿐 아니라 작업의 '관계'에 대해서 적어놓은 것도 있었다. 공장으로 들어가기 전, 그 문장을 한참 들여다봤다.

1. 인간 관계 개선, LINE의 단합, 사원 간의 존경, 우리 모두 좋은 LINE이 되도록 한다.

문장을 보면 볼수록 풍경이 그려졌다. 하나의 라인과 그 라인에 줄지어 앉아 있는 사람들이 떠올랐다. 라인의 단합이란 어떤 것일까, 좋은 라인이란 어떤 것일까. 라인이란 단어가 새삼 묵직

하게 느껴졌다. 공장에 들어가니 라인에 앉은 사람들이 조용히
일을 하고 있었다. (라인이라) 쓸쓸하지만 (라인이어서) 따뜻하기
도 한 풍경이었다.

　더 늦기 전에 본의 아니게 앞에 출제한 퀴즈의 정답을 알려줘
야겠다. 브래지어 각 품목의 사이즈별 수량표에 대한 것이었는
데, 참고로 밝히자면 취재한 공장에서 생산하는 브래지어는 주로
40대 이상이 구매하는 고급 브래지어였다. 수량은 품목별로 다를
수 있고, 시기별로 다를 수 있다. 다른 연령대의 브래지어 생산
수량도 이와 다를 것이다.

	75	80	85
A	450	660	450
B	300	430	370
C	150	150	150
D	130	130	130

　(친절한) 사장님의 설명에 따르면 A컵을 만들기가 가장 쉽고,
E컵이나 F컵으로 갈수록 작업 과정이 까다로워진다고 한다. 당연
히 그럴 것 같기도 하고, 조금 이상한 것 같기도 해서 왜 그런지
물어보았는데 "E컵이나 F컵은 너무 커서 한 손으로 쥐고 작업하
기가 힘들어요"라는, 상상하기에 따라 조금은 (흠, 흠, 흐음) 낯 뜨
거울 수 있는 답이 돌아왔다. 컵이 크기 때문에 박음질하는 양도

많고 시간도 더 길어지지만, A컵이나 F컵이나 가격은 똑같다. 가격이 똑같은 것도 어떻게 생각하면 당연히 그럴 것 같기도 하고, 조금 이상한 것 같기도 하다. 아무튼 그건 브래지어 판매 회사의 방침이다.

생각해보니, 같은 디자인의 옷은 가격이 똑같다. 재료가 훨씬 적게 드는 85사이즈든 재료가 더 많이 드는 110사이즈든 마찬가지다. 회사에서 자신들의 이익을 최소화하고 뚱뚱한 사람들에게 선심을 쓰고 있는 것인지도 모르고, 마른 사람들이 조금씩 손해를 보고 있는 것인지도 모르겠다. 그것도 회사의 방침이다.

공장을 돌아다니다 살에 직접 닿는 부분의 원단을 만져보았다. 말할 수 없이 부드러웠다. 매끈하고 폭신했다. 원단을 만져보기만 해도 고급 제품인 게 느껴졌다. 예전에는 한 달에 서너 품목을 생산했는데 요즘은 다섯 품목이나 여섯 품목을 생산할 만큼 다품종 소량생산으로 변했고, 고급화되고 있다. 물론 시장이나 대형 마트에 가면 가격이 싼 브래지어도 있다. 가장 큰 차이는 원단과 와이어다. 고급 브래지어에는 형상기억합금 와이어를 쓰고, 싼 브래지어에는 철로 만든 와이어를 쓴다. 사용해보지 않았지만 형상기억합금 와이어와 철의 차이는 아마도 엄청날 것이다. 가슴을 조이는 코르셋의 압박에서 벗어나 브래지어를 쓰게 됐지만 이제는 가격의 압박이 문제다.

공장의 작업 방식은 순차적이다. 75A를 450개 만들고 나면, 80A 660개를 만든다. 80A가 끝나야 85A를 시작할 수 있다. 사이즈가 섞이지 않게 하려는 것이다. 그렇게 하나씩 하나씩 수량을 채워가는 작업이다. 아득하고 막막하겠지만 하나씩 하나씩 수량을 채워나가다 보면 끝이 보이겠지. 같은 라인의 사람들과 함께 작업을 하고 있으면 수량은 금세 잊지 않을까.

공장의 작업 지시서에서 또 하나 잊히지 않는 문장이 있다. 아마도 작업 지시서에서 가장 자주 나오는 문장일 것이다.

'시작과 끝이 일치하도록 한다.'

박음질의 마무리를 일컫는 말이지만 작업의 기본을 지시하는 말이기도 하다. 만듦새는 일정해야 하고, 지속적으로 꼼꼼해야 하고, 끝을 예감하며 긴장을 풀어서도 안 된다. 시작과 끝이 일치하도록 하는 게 말처럼 쉬운 일인가. 책상 앞에다 큰 글씨로 프린트해서 붙여두고 싶은 문장이다. 저 문장을 읽을 때마다 브래지어 공장의 경쾌하지만 조용한 리듬의 재봉틀 소리가 기억날 것 같다.

삼각형과 사각형

여자들이 브래지어의 디자인을 중요하게 생각하듯 남자들도 삼
각팬티냐 사각팬티냐를 중요하게 생각한다. (조금 다른 경우이려
나?) 우선 '팬티'라는 말을 정확히 짚고 넘어가자. 엄밀히 말해서
'팬티'는 삼각형의 여성용 속옷을 가리킬 때 쓰는 말이다. 남성
용 삼각 속옷을 가리킬 때는 흔히 '브리프(briefs)'라고 부르며 사
각형 속옷은 '박서(boxer)'라고 부른다. 요즘은 둘의 장점을 합한
'박서브리프'라는 변형 상품도 나오고 있다. 팬티를 정확히 지칭
하기 위해서는 브리프라고 불러야겠지만 이미 익숙해진 '팬티'
라는 단어를 버릴 수가 없다. 브리프라고 하면 뭔가 너무 고상해
보이고, '빤쓰'라는 단어를 쓰면 좀 적나라해 보인다. 팬티가 딱
좋다.

　팬티를 생각하면 우주 비행사들의 재미난 과학 실험이 하나
떠오른다. 믿거나 말거나 한 이야기다. 한때, 우주 비행사들이 방

귀를 로켓 추진체처럼 사용한다는 이야기가 있었다. 무중력상태에서 방귀를 분출하면 몸이 앞으로 나아갈 거라는 얘기다. 영화 〈그래비티〉에서는 우주 공간에서 소화기를 추진체로 사용하는 장면이 나오는데, 미세한 힘도 운동 방향을 바꿀 수 있는 장소라는 걸 생각해보면 아주 불가능한 이야기가 아닌 것 같기도 하다. 다른 사람에 비해 '소화 부산물을 배출하는 뛰어난 능력'을 지니고 있다고 믿은 우주 비행사 로저 크라우치는 즉각 실험에 돌입했다. 무중력상태에서 힘껏 방귀를 내뿜었다. 실험은 실패로 끝났다.

"정말로 크고 빠른 방귀였는데, 내 몸은 별로 움직이지 않았어요." 로저 크라우치는 의심이 들었다. 혹시 팬티 때문이 아니었을까. 가스가 팬티를 통과할 때 일어나는 작용 반작용 때문에 실패한 것이 아닐까. 로저 크라우치의 실험은 더 이상 진전을 이루지 못했다. 함께 간 여성 우주 비행사들 틈에서 팬티를 벗을 수는 없었다. 팬티를 벗고 맨 엉덩이로 방귀를 뿜었다면 어땠을까. 무척 궁금하긴 하다. 기술이 발전하여 보리밥을 잔뜩 먹은 우주 비행사가 아무런 동력 없이 방귀만으로 우주 유영을 할 수 있는 날이 올 것인가. 음, 그래도, 방귀와 함께 다른 이물질이 섞여 나오면 난처한 경우가 많을 것 같긴 하다.

남자라면 누구에게도 말 못할 팬티의 추억 하나쯤 있을 것이다. 나도 하나 있는데, 누구에게도 말 못할 추억이라서 말은 못하겠고, 모든 남자들에게 팬티가 성장의 상징이듯 나 역시 수많은 팬티와 함께 성장했다는 정도만 밝혀야겠다. 요즘 남자들은 하얀 팬티를 잘 입지 않는 것 같다. 수영장 탈의실이나 목욕탕에서 직접 확인한 경우도 많지만 그런 통계자료도 나왔다. 컬러풀한 디자인에다 재질도 다양하다 보니 하얀 팬티는 추억의 물건이 됐다.

하얀 팬티를 여전히 많이 볼 수 있는 곳도 있다. 작년(2013년)까지 다니던 수영장에는 어르신들을 위한 열탕이 갖춰져 있어서인지 평균 연령이 꽤 높았다. 올해 마흔네 살인 나는 거의 초등학생 수준이었고, 아흔 살이 넘었을 것 같은 어르신도 더러 보였다. 수영장의 탈의실 풍경이 참 볼 만했다. 어르신들 중에는 하얀 팬티를 선호하는 분이 여전히 많아서, 새하얀 팬티를 입고 천천히 걸어 다니는 풍경을 자주 볼 수 있었다. 아마도 며느리가 또는 딸이 또는 부인이 깨끗하게 빨아준 팬티일 것이다. 몸에는 검버섯이 피었고, 관절은 시원찮지만 팬티는 눈부시게 빛나고 있었다.

남자는 어머니가 사주는 팬티를 입다가 자신의 팬티를 직접 구입하면서 어른이 된다. 하얀 팬티에 오줌 자국을 묻히며, (컬러풀한 팬티가 많은 요즘은 그렇지 않겠지만 우리 때는 하얀 팬티가 대세였다) 혹은 몽정의 흔적을 아로새긴 후에 창피한 마음에 혼자 마당에서 차가운 물에 팬티를 빨아보기도 하면서 어른이 된다.

데이트를 앞두고 자신이 가장 좋아하는 팬티를 고르며 어른이 되고, 사랑하는 여자 앞에서 팬티를 벗으며 어른이 된다. 수영장 탈의실의 할아버지들은 눈부시게 하얀 팬티를 입으며 그 모든 시간을 떠올릴 수 있을까.

04

간장 공장 공장장님과
함께한 하루

★

간장 공장 산책기

공장 산책기를 쓰기 시작한 후에 이런 농담을 하고 다녔다. '언젠 간 간장 공장 공장장 인터뷰를 꼭 해야겠어. 공장 하면 간장 공장 이고, 가장 유명한 공장장은 간장 공장 공장장이랑 된장 공장 공 장장 아니겠어.' 농반진반으로 하고 다닌 이야기였는데, 막상 간 장 공장이 섭외됐단 소리를 들으니 긴장됐다. 간장 공장 공장장 님께서 유머 감각이 없으면 어쩌나, '신성하고 엄중한 공장에서 말장난이나 하다니 이런 된장, 당장 간장 공장을 나가시오'라고 하면 어쩌나 걱정됐다. (여기까지 쓴 글을 소리 내어 읽고, 한 군데 도 틀리지 않았으면 어서 아나운서 시험을 보세요.)

간장 공장 공장장님의 전설

공장장님은 유머 감각이 뛰어난 분이었다. 이야기로 주렁주렁 열매를 맺어주셨고, 간장 공장 공장장 유머에도 화답해주셨다. "예전에는 공장 견학 프로그램이 있었는데, 짓궂은 아주머니들이 많았어요. '저기 질문 있는데요, 간장 공장 공장장님은 간장을 많이 드셔서 얼굴이 까만 거예요?'라고 묻는 분도 있었어요." (실제로 공장장님의 얼굴은 까만 편이다.)

공장장님에게는 전설 같은 이야기도 전해져 내려온다. 공장장님이 입사 직후 연구원으로 일하던 시절, 일본의 간장 공장에 견학을 가게 됐다. 발효 기술이야 한국도 뒤떨어질 게 없었지만 간장의 대량생산을 일찍 시작했던 일본의 기술을 참고하기 위해서였다. 어떤 균을 이용해 간장을 생산하는지 궁금했지만, 간장 공장의 특급 비밀을 함부로 알려줄 리 없었다. 공장장님은 여기저기를 기웃거렸다. 궁금함을 참지 못한 공장장님은 마지막 작전을 시행했다. 우선, 숨을 크게 들이마셨다. 콧속에 숨이 가득 찼을 때, 숨을 참았다. 서둘러 밖으로 나간 다음 화장지에다 코를 풀었고, 화장지를 비닐봉지에 잘 넣었다. 공장의 공기 속에 떠돌고 있던 균을 후점막에다 붙인 다음 화장지에다 옮긴 것이다. 이런 문익점 목화씨 빠지는 소리 같은 이야기가 가당키나 한가 싶지만,

실제로 가능하다고 한다. 공장장님은 한국에 돌아와 화장지에서 균을 검출해냈다. 하지만 일본에서 힘들게 데려온 균은 한국 간장에 적용하긴 힘들었고, 한국 간장에 사용하는 균이 훨씬 우월하다는 결론이 내려졌다. 그리고, 공장장님의 이야기는 간장 공장의 전설이 되었다. (두둥!)

공장장님 이야기를 이렇게 길게 하는 것은 간장 공장의 역사와 공장장님의 역사가 잘 맞물려 있기 때문이다. 공장장님은 연구원으로 회사 생활을 시작했지만 메주를 만드는 현장에서 일하다가 간장의 대량생산을 지켜보면서 지금의 공장장(공식적으로는 상무)에 이르게 되었다. 삽 하나 들고 항아리로 가득 찬 작은 방에서 메주를 띄우는 일을 하다가 이제는 기계로 가득 찬 거대한 공장을 돌아다니며 연간 8만 킬로리터의 간장이 생산되는 걸 감독하고 있다.

간장 공장에 가장 큰 위기가 온 것은 공장장님이 막 입사했던 1980년대 초반이었다. 1980년대 초반, 방송국의 한 고발 프로그램에서 간장 공장의 실태를 밝히는 화면이 등장했다. '위생 상태'라는 단어를 쓰기도 쑥스러울 정도로 지저분한 공장이었고, 카메라 앞에서 쥐가 왔다 갔다 하는 장면이 나왔다. 다음 날 공장으로 전화가 빗발쳤다. 텔레비전에 등장한 것은 영세한 공장이었지만 화가 난 시청자들은 앞뒤를 가리지 않았다.

"엄청나게 화난 목소리들이었어요. '정말 이따위로 할 줄은 몰랐다. 먹던 간장을 다 버렸다. 앞으로 다시는 간장을 먹지 않을 거다.' 전화가 빗발쳤고, 간장 매출이 반으로 떨어졌어요. 하지만 그게 기회가 되기도 했습니다."

회사의 대표는 견학 프로그램을 기획했다. '우리는 자신 있다, 다 보여줄 테니, 모두들 와서 보고 얘기해라.' 그런 의미였다. 매출이 떨어졌다고는 하지만 업소로 나가는 간장의 양은 변함이 없었다. 개인 소비자들의 구매량이 떨어진 것이니 그들을 잡아야 한다는 절박한 마음이 견학 프로그램을 만들어냈다. 그때부터 매출이 조금씩 살아나기 시작했다. '간장 폭풍'으로 수많은 영세 업체들이 도산했지만, 견학 프로그램으로 정면 승부를 한 이 회사는 살아남을 수 있었다.

식품을 만드는 공장은 위생에 민감할 수밖에 없다. 우리가 '공장'이라는 단어를 들을 때마다 깨끗한 걸 상상하지 못하니까, '공장' 하면 떠오르는 것은 거대한 기계와 기름 냄새와 먼지뿐이니까, 식품 관련 공장을 경영하는 입장에서도 참 난감할 것 같다. 방문한 간장 공장은, 그런 의미에서 특별한 공장이기도 했다.

예술을 무척 사랑하는 회사 대표님이 어느 날 아이디어를 냈다. 공장 외벽에다 그림을 그리기로 한 것이다. 벽에다 작품을 설치하다니, 낭비도 이만저만한 낭비가 아니다. 벽에 그린 그림은 공장 직원 100여 명만 볼 수 있는 작품이다. 소수만을 위한 한정적인 작품이다. 누가 봐도 낭비다. 공장 직원의 수보다 공장에 그려진 그림의 수가 더 많다.

대부분의 공장 벽이 회색인 데는 이유가 있다. 회색이면 관리가 편하다. 벽을 관리하기도 편하고, 사람을 관리하기도 편하다. 지저분한 때가 잘 보이지 않으며, 일하는 직원들의 마음에도 특별한 변화가 생기지 않는다. 그저 묵묵히 일하고 무언가를 지속적으로 생산하기엔 회색이 좋다.

회사 대표님과 경영진은 결국 신진 아티스트 그룹과 힘을 모아 공장 전체를 작품으로 만들어버렸다. 고양이 그림도 있고, 산수화도 있고, 콩을 닮은 예쁜 동그라미도 있고, 정체불명의 형상도 있다. 이런 식의 낭비라면, 괜찮을 것 같다. 생산과 효율을 강조하는 공장의 외벽을 울긋불긋하고 파룻파룻하게 만든 낭비의 마음이 좋다. 사람의 마음을 위해 낭비하는 공장이 마음에 든다. 무엇보다 식품을 만드는 공장이라서 더 그렇다. 누군가를 위해 요리를 할 때면 그 사람을 향한 사랑이 음식에 배어들게 마련이다. 공장에서도 그런 일이 일어날 수 있다.

공장에서 일하고 있는 직원들은 처음엔 그림이 익숙하지 않아 이상했는데, 시간이 지날수록 마음이 말랑말랑해지는 것 같다고 이야기했다. 이 사람들은 콩을 만지는 사람들이고, 밀을 만지는 사람들이고, 효모를 만지는 사람들이다. 말랑말랑한 마음을 가진 사람들이 콩을 만지면, 어쩐지 발효도 더 잘될 것 같고 간장도 더 고소할 것 같고 된장도 더 구수할 것 같다.

큼큼하고 꼬리꼬리하고 고소한

간장 공장에 들어서면 구수하고 향긋한 냄새가 난다. 콩을 찌는 냄새다. 바람에 실려 온 그 냄새를 맡고 있으니 어쩐지 고향에 온 것 같기도 하고, 할머니가 먼발치에 있을 것 같기도 하다. 공장에서 이런 냄새를 맡을 줄은 몰랐다. 외벽에는 멋진 그림도 그려져 있겠다, 구수한 냄새도 나겠다, 공장 건너편에는 일반인들에게 임대하는 콩 텃밭도 있겠다, 공장은 한산한 편이었다.

어렸을 때는 된장찌개를 거의 먹지 않았다. 그렇게 맛있는 걸 왜 안 먹었나 싶지만 그때는 냄새를 맡기도 싫었다. 큼큼하고 꼬리꼬리한 냄새를 맡고 나면 혹시 이 냄새가 나에게서 나는 게 아닌가 싶어서 몸에다 코를 대보았고, 그러고 나면 식욕도 없어져서 밥맛이 뚝 떨어지곤 했다. 나에게 된장의 냄새는 가난의 냄새였고, 늙은 냄새였고, 패배의 냄새였다. 그게 모두 할머니의 방 때문인 것 같다.

안동에 있는 큰집의 할머니 방을 생각하면 늘 메주가 떠올랐다. 좁은 방에 걸린 커다란 메주 덩어리가 먼저 생각나고, 질 수 없다는 듯 시큼한 냄새가 뒤이어 떠올랐다. 큰집에 가서 할머니에게 절을 할 때면 어서 빨리 그 방을 벗어나고픈 생각뿐이었다. 가난한 시골집의 할머니 방은 비좁았고, 누추했고, 보잘것없었다. 얼마나 불을 땠는지 아랫목은 누렇게 탔고, 이불은 색이 바랬고, 벽에 걸어놓은 가족사진은 금방이라도 떨어질 것처럼 불안해 보였다. 그리고, 할머니의 냄새가 났다. 할머니의 냄새는 메주의 냄새였다. 할머니는 그 방에서 천천히 늙어가고 계셨다.

집에 돌아와서 된장을 먹지 않은 것은 아마도 할머니처럼 되고 싶지 않아서였을 것이다. 몸에서 된장 냄새 나지 않는 세련된 사람이 되고 싶어서였을 것이다. 늙고 싶지 않아서였을 것이다. 할머니는 오래전에 돌아가셨다. 나는 할머니에게 사랑받는 손자는 아니었다. 나도 할머니를 썩 사랑하지는 않았다. 그렇지만 가끔 할머니의 삶을 생각해볼 때가 있다. 할머니의 삶을 생각하면 메주가 생각난다. 그 좁은 방에서 천천히 늙어가는 할머니를 떠올리면서, 메주와 함께 천천히 발효되는 할머니의 모습을 상상할 때가 있다. 할머니는 어떤 생각을 했을까, 그 시간을 어떻게 견뎠을까.

검고 투명한 간장의 시간

거대한 간장 공장에서 시간을 느낄 수 있는 곳이 있다. 거대한 숙성 탱크가 있는 곳이다. 110톤과 300톤짜리 숙성 탱크가 높은 건물처럼 솟아 있고, 그 위에 올라가면 먼 풍경들이 한눈에 들어온다. 멀리 물이 흐르고, 뒤에는 산이 버티고 있다. 발아래 탱크 속에서는 무수히 많은 것들이 움직이고 있다. 입구를 열어보면 뭔가 툭, 툭, 터지고 보글보글 솟아오르고, 끓어오른다. 석 달 정도

시간이 지난 탱크는 조용하지만, 한 달 된 탱크는 시끌벅적하니 활화산이 따로 없다. 1그램당 100만 마리 이상의 효모들이 뒤섞이고 끓어오르면서 6개월 동안 간장을 만들어낸다.

공장장님은 신입 직원들이 들어올 때마다 숙성 탱크 위로 직원들을 데리고 간다고 한다. 계단을 하나씩 밟고 올라가 그 위에 서보게 한다. 아찔한 높이 때문에 벌벌 떠는 직원들이 많지만 꼭 거기 데려가는 이유는, 아마도 시간을 가르쳐주고 싶어서일 것이다. 간장을 만드는 가장 큰 원리가 시간이라는 점을 강조하고 싶어서일 것이다.

"똑같은 식품 제조업처럼 보여도 우린 이렇게 숙성 탱크에 넣어놓고 몇 개월을 관리하고 기다려야 제품이 나와요. 훨씬 신경 쓸 일이 많고 까다롭죠."

공장장님의 말에 내가 농담을 건넸다.

"에이, 공장장님, 직원이 100여 명이라고 하시더니, 훨씬 많네요. 세상에서 직원이 가장 많은 공장의 공장장님이시네요."

"그렇죠. 이 천문학적인 숫자의 효모들이 다 제 직원들입니다."

신입 직원들을 숙성 탱크로 데리고 가는 것은, 그러니까 탱크 속에서 열심히 일하고 있는 효모 선배들에게 인사를 시키는 셈이다. '효모 선배님, 이제 저도 간장의 세계에 뛰어들어보려 합니다. 많은 지도 편달 바랍니다.' '그래, 시간을 견디는 게 쉬운 일이 아니란다. 나는 몇 개월 후 살균실에서 사라지고 말지만 나의 마음은 간장에 담겨 있을 것이야' 같은 대화를 나누고 있는 장면을 상상해본다.

간장을 만드는 공정은 인터넷 검색으로 금방 알 수 있으므로 자세한 설명은 생략하겠지만, 두 가지 공정은 무척 흥미로웠다. 하나는 찐 콩과 볶은 소맥을 골고루 섞은 다음 곰팡이를 띄우는 제국 과정, 즉 메주를 띄우는 일인데, 가정에서 하는 것과는 모습이 사뭇 다르다. 씨름판에서 모래를 가지런하게 정리하는 것처럼 메주를 차곡차곡 정리하는데, 그 모습이 어찌나 정성스럽던지 등 그런 기계 속으로 뛰어들고 싶을 정도였다. 뛰어들어서 메주에다 내 발자국을 찍고 싶었다. 몇 월 며칠, 김중혁 제국 과정 다녀감.

또 하나는 압착 과정. 간장 공장에서 인상적이었던 장소는 숙성 탱크 높이의 프레스 기계가 세 대 설치된 압착실이었다. 일단 규모에 압도당하고 철컥, 철컥, 하는 소리에 주눅 든다. 우선 천을 한 장 한 장 깔고 그 위에다 발효된 제미(탱크 안에서 소금과 함께 숙성된 메주)를 쏟는다. 450장 정도의 천과 제미를 샌드위치처럼 쌓은 다음에 기계로 눌러 간장 원액을 뽑아내는데, 그 모습이 장관이다.

모든 액이 빠져나간 제미, 즉 장유박은 푸석푸석하게 말라 있는데, 수분이 빠져나간 것들은 어째서 그렇게 모두들 안쓰러워 보이는지 모르겠다. 말라 비틀어져서 손대면 바스라진다. 생명이란 그렇게 빠져나간다. 재래식 제조법으로 만든 메주에서 간장으로 빠져나오는 영양소가 20퍼센트 정도라면 프레스 기계로 누른 제미는 거의 대부분의 영양소가 간장으로 빠져나온다. 그래서 간장을 만들고 남은 제미로 된장을 만들 수는 없다. 하지만 효모 선배들의 마지막 육신, 말라빠진 장유박은 버려지지 않고 소나 다른 가축의 사료에 섞이기도 한다.

어렸을 때는 콩, 두부, 된장, 간장을 싫어했지만 지금은 무척 좋아한다. 그중에서도 두부를 가장 좋아하고, 콩국수는 아휴, 없어서 못 먹고, 청국장도 좋아하고, 된장찌개도 좋아하고, 간장떡

볶이도 좋아하고, 간장게장도 좋아하고……, 아, 그만하자, 침 넘어간다. 나로 말할 것 같으면 모든 음식을 골고루 먹으라는 부모님의 성화 때문에 힘들어하는 편식 어린이들이 방패막이로 써도 좋을 어른이다. "이 아저씨 봐요. 나중에 된장찌개 많이 먹는다잖아요. 지금 먹으란 소리 마세요. 저도 어른 돼서 먹을 거예요." 그래, 얘들아, 어른이 돼서 된장찌개를 먹는 일도 나쁘지 않단다. 어른이 돼서 된장찌개를 먹으면 할머니 생각이 무척 나서 미안한 마음이 드는 거 빼곤 대부분 좋단다. 그때 좀 덜 부끄러워할걸, 그 방을 조금 더 좋아해드릴걸, 조금만 더 같이 있어드릴걸, 그런 후회가 든단다.

어떤 점이 좋냐고 묻는다면, 딱 한 가지만 얘기해줄게. 어른이 되어서 된장찌개를 먹고 있으니 된장찌개가 아니라 시간을 먹고 있다는 생각이 든단다. 어쩌면 모든 식사란 시간을 먹는 일인지도 모르지. 그 음식을 만든 사람의 시간, 그 음식의 재료가 익어온 시간, 그런 시간을 먹는 일인지도 모르지. 한 끼 한 끼란 무척 소중한 시간이란다. 간장 공장에서 돌아온 나는 검고 투명한 간장을 보며 시간을 생각하고 있다.

스프링클러

세계 어딘가 열 받은 사람이 있는 곳에
스프링클러 위성이 날아가서
물을 뿌려주면 어떨까,

그렇게 재미난 기술이 있으면 어떨까.
왜 많은 기술은 폭력과 파괴로
향하는 것일까.
어째서,
그러는 것일까.

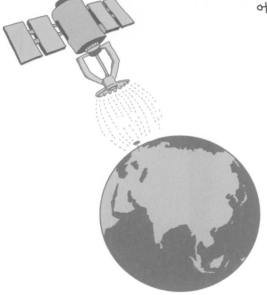

깔때기

직업이란, 깔때기 같은 게 아닐까.
다양한 경험과 생각과 철학을
한군데로 모을 수 있게 해주는,
넓이를 깊이로 바꿔주는,
조심히 다루지 않으면
내용물이 옆으로 새버리고 마는,

zoroGhyuk_

깔때기 같은 게 아닐까.

05

가방 중독자의 고백

★

가방 공장 산책기

나는 가방 중독자다. 어째서 이렇게 가방을 좋아하는지 모르겠다. 집에 가방이 쌓여 있는데도 좋은 가방만 보면 마음이 설렌다. 멋진 자동차나 카메라나 오디오를 봐도 무덤덤한 마음이, 가방만 보면 쿵쿵 뛴다. 모든 가방이 생전 처음 보는 가방 같고, 꼭 가져야 할 가방 같고, 놓치면 평생 후회할 가방 같다. 외국 여행을 다니면서도 유독 가방을 열심히 본다.

지금도 가장 후회하는 일 중 하나는 이탈리아 여행 중 보았던 피콰드로의 가방을 끝내 사지 않은 것이다. 오렌지색이 참 예뻤는데……. 비싼 가방을 사고 싶은 게 아니다. 명품을 사고 싶은 것도 아니다. 내 눈에 좋은 가방만 보면 이성을 잃는다. 여행용

트렁크, 백팩, 토트백, 숄더백, 노트북 가방, 크로스백……, 무엇이든 좋다. 심지어 가방을 사은품으로 주는 곳에 가면 사지 않아도 될 물건까지 사고 만다.

가방에 집착하는 이유를 곰곰이 생각해봤다. 아마도 어린 시절에 '내 것'을 가지지 못했던 욕구불만이 가장 큰 이유가 아닐까 싶다. 내 방이 없었고, 내 책상이 없었다. 가방만이 유일한 내 것이었고, 내 가방엔 내 것을 넣을 수 있었다. 가방을 들고 있으면 이상하게 마음이 평안해지고, 안전한 곳에 있는 것 같고, 모든 게 준비돼 있는 것 같았다. 가방은 축소한 집 같다. 가방에 달린 주머니들은 각각 하나의 방이고, 그래서인지 나는 수납공간이 많고 주머니가 여러 개 달린 가방을 유독 좋아한다.

외출할 때면 제일 먼저 가방을 챙긴다. 각각의 주머니에다 알맞은 물품을 넣는다. 커다란 주머니에는 노트북이나 책을 넣고, 작은 주머니에는 음악을 들을 수 있는 아이팟을 넣고, 이어폰, 수첩과 펜, 지갑을 챙긴다. 외출해 있는 동안 가방은 나의 집이 된다. 집게처럼 나는 가방을 짊어지고 여기저기 돌아다닌다. 가방이 없으면 어쩐지 허전하고, 방랑하고 있다는 기분이 든다.

그렇게 가방을 좋아하는데도 여자들이 핸드백을 좋아하는 마음은 이해하지 못했다. 어째서 다들 비슷한 핸드백을 들고 다니는지, 큼지막한 상표가 붙어 있는 걸 왜 그렇게 좋아하는지, 아무것도 넣지 못할 것 같은 손바닥만 한 클러치를 왜 들고 다니는지 이해하지 못했다. 가방 사랑 경력이 오래되다 보니, 이젠 그 마음을 조금 이해할 것 같기도 하다. 나는 가방을 집처럼 사용했지만, 어떤 사람은 가방을 방패처럼 사용하기도 한다. 사람들의 시선을 막고, 공격을 막고, 내가 별 볼일 없는 사람일지 모른다는 자괴감을 막고, 내가 남들에 비해 뒤처졌을지도 모른다는 불안함을 막는, 방패처럼 사용되는 가방도 있다. 어떤 가방은 미술관이 되기도 한다. 뭔가 잔뜩 넣을 수는 없지만 들고 다니기만 해도 기분이 좋아지는 가방도 있다. 어떤 가방은 또 다르게 사용될 것이다.

가방에 대한 생각들도 많이 바뀌고 있다. 무조건 명품을 선호하거나 자신의 취향을 고려하지 않은 채 브랜드만을 따지는 소비자도 많이 줄었다. 내가 찾아간 가방 공장은 요즘 선풍적인 인기를 얻고 있는 한국 브랜드였다. 명품 가방만큼 품질이 좋지만 가격은 그렇게 비싸지 않은 제품들로 사람들의 입소문을 타고 있는 곳이었다.

명품도 다만 하나의 가방일 뿐

"명품이 있을까요? 저는 명품이 없다고 생각하거든요. 명품이라는 말처럼 촌스러운 게 없어요. 우리나라 사람들 생각 자체가 많이 바뀌었어요. 좋은 가죽을 쓰고, 디자인 좋고, 가격도 싼데 굳이 해외 브랜드를 살 필요 없다는 사람들이 많아요. 가치 소비를 하는 사람들이 많아진 거죠."

가방 공장의 대표님이 내게 해준 말이다. 생각해보면, 명품이란 단어만큼 묘한 게 없다. 이름난 제품이라는 건데, 세상에, 이름 없는 제품도 있나? 괜히 장난치고 싶은 단어다. 패러디 시 한 수 읊어보겠다. '내가 그 제품의 이름을 듣기 전에는 / 그 제품은 다만 하나의 가방에 지나지 않았다 / 내가 그 제품의 이름을 들었을 때 / 그 제품은 나에게로 와서 명품이 되었다 / 누가 나에게 저 이름을 사다 다오.' 제품의 질과 상관 없이 명품을 좋아하는 사람들에게 바치는 시다.

한국에 핸드백 생산 기술이 본격적으로 들어온 것은 1970년대였다. 일본에서 들여온 기술력으로 많은 회사들이 핸드백을 생산 수출했다. 하지만 디자이너는 없었다. 외국 회사에서 보내온 작업 지시서에는 디자인까지 포함되어 있었다. 한국의 디자이너가 하는 일은 재료를 제대로 사용했는지, 작업 지시서와 다른 것은 없는지 확인하는 정도였다. 수출품 말고 내수용으로 제작하는 것은 영화배우나 귀부인들이 '이러이러한 핸드백을 갖고 싶다'고 말하면 똑같이 만들어주는 게 전부였다. 흔히 '살롱백'이라 불리는 핸드백이었다.

가죽 시장이 급격하게 성장한 것은 1990년대였고, 수많은 해외 브랜드가 한국으로 밀려들어왔다. 한국의 가방 브랜드가 자리잡을 수 있는 시기가 거의 없었고, 핸드백이나 가방에 대한 생각을 해볼 수 있는 기회도 거의 없었다. 핸드백 디자이너의 1세대가 누구인지 알 길이 없다. 1세대를 알 수 없으니 지금의 디자이너들이 몇 세대인지도 알 길이 없다. 선배의 가르침도, 후배의 새로운 반격도 볼 수 없었다. 열려 있는 정보도 없었고, 열어서 보여줄 만한 정보도 없었다.

최근 들어 많은 디자이너들이 핸드백 생산에 뛰어들었다. 개인 매장을 열고, 자신만의 디자인을 선보이고 있다. 소비자들은 명품보다 싸지만 좋은 제품의 독특한 디자인을 원하고 있다. 머지않아 어떤 디자이너는 살아남을 것이고, 어떤 디자이너는 포기할 것이다. 어쩌면 한국의 핸드백 시장은 이제 시작일지도 모른다.

우리는 죽어도 가죽을 남기지 말자

많은 핸드백을 가죽으로 만들기 때문에 가죽을 다루는 기술이 공장의 기술력을 좌우한다고 볼 수 있다. 아마추어들이 절대 흉내낼 수 없는 게 가죽을 다루는 방식이라고 한다.

"학생 가방 같은 건 1~2년 배우면 할 수 있어요. 네 귀퉁이를 꿰매면 가방이 되는 거죠. 하지만 핸드백 같은 경우는 평생을 배워가면서 해야 해요. 원단 자체가 생명체예요. 이게 다 남의 가죽이란 말이죠. 가죽이란 게 하나하나 다 달라요."

가방 공장에서 가장 중요한 곳, 직원들의 임금이 가장 센 곳이 바로 가죽을 재단하는 작업장이다. 소가죽을 예로 들어보자. 소 한 마리로 두 장의 통가죽을 뽑을 수 있고, 두 장의 통가죽으로 최대 다섯 개의 가방을 만들 수 있다. 가죽이 매끈한 소도 있고, 진드기가 있는 소도 있고, 자기가 싼 똥을 깔고 앉아서 피부

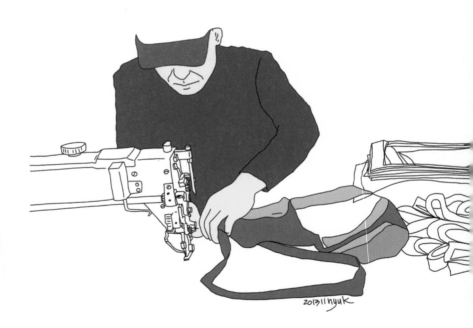

2013 11 hyuk

병이 생긴 소도 있고, 모든 소가 제각각이다. 다리나 머리 쪽은 주름 때문에 버려야 하는 부분이 많다. 어떤 각도로 가죽을 재단하냐에 따라 가방을 하나 더 만들 수도 있다. 계산이 잘못되면 가방 하나가 조각조각의 가죽으로 버려지는 것이다. 가죽 재단실이 회사를 먹여 살릴 수 있다는 게 단순한 과장은 아닌 것 같다.

하나의 가방이 만들어지려면 길고 지난한 작업 과정을 지나야 한다. 기계가 할 수 있는 것은 거의 없다. 가죽을 자르는 일도, 가죽을 붙이는 일도, 가죽을 꿰매는 일도, 사람이 해야 한다.

가방 공장의 출발점은 가죽 보관실이다. 많은 가방을 가죽으로 만들고 있기 때문에 가죽의 보관과 활용이 가방 회사의 성패를 좌우한다고 볼 수도 있다. 오래 보관하면 기름기가 빠져서 쓸 수 없고, 잘못 재단하면 버리는 자투리가 많아지며, 단 한 번의 바느질 실수로도 쓸모없어지는 것이 바로 가죽이다. 사람은 죽어서 이름을 남기고, 호랑이는 죽어서 가죽을 남기며, 우리는 죽어도 가죽을 남기지 말자, 라고 회사의 커다란 벽 어딘가에 쓰여 있을 것만 같다. 공장을 돌아볼 때 가죽의 소중함에 대해 귀에 못이 박히도록 들었다.

가죽의 선택과 재단이 끝나면

배접반으로 이동한다. '배접'이란 얇은 조각을 포개어 붙이는 일을 뜻하고, 공장에서는 가죽을 포개어 붙이는 배접 공정을 통해 가방의 뼈대를 세우게 된다. 한국의 가방 공장에서는 유독 배접 공정이 중요하다. 가죽 가방은 크게, 서는 가방과 주저앉는 가방, 두 종류로 나눌 수 있다. 서는 가방이란 굳건하게 중심을 잡고 서 있는 가방이고, 주저앉는 가방이란 흐물흐물하게 아래로 접히는 가방이다. 한국의 가방 공장들은 일본 기술의 영향을 많이 받아서 서는 가방 중심으로 발전해왔다고 한다. 서는 가방은 가죽 안에 보강재를 넣기도 하고, 안감을 대기도 하니 배접이란 굳건하게 중심을 잡을 수 있도록 가방의 기둥을 세우는 일이나 마찬가지인 셈이다.

서는 가방과 주저앉는 가방 이야기를 듣다 보니 몇 해 전 유럽의 벼룩시장에 갔던 때가 떠올랐다. 유럽의 벼룩시장에 가면 참으로 다양한 디자인의 가죽 가방을 만나볼 수 있으니 가방 중독자로서 들르지 않을 도리가 없다. 가게 가득 쌓여 있는 가죽 가방을 보면서, 가죽 향을 맡으면서, 나는 황홀했다. 보는 것만으로도 기분이 좋아졌다. 허름한 중고품이 대부분이었지만 중고라서 더욱 살아 있는 생물체처럼 보였다. 어떤 가방은 서 있었고, 어떤 가방은 주저앉아 있었고, 어떤 가방은 천장에 매달려 있었다. 어떤 가방은 자신의 아름다움을 뽐내듯 허리를 편 채 서 있었고, 어떤 가방은 피곤해서 누워 있었고, 어떤 가방은 구석에 시무룩하게 앉아 있었다. 그들을 구출해내야 할 것 같았다.

한참 가방 구경을 하다가 한쪽 구석에 누워 있는 폴리오 케이스(Folio Case: 일반적인 형태의 서류 가방)를 발견했다. 붉은빛이 감도는 얇은 가죽 가방이었는데, 가방을 여는 방식이 무척 독특했다. 내가 보기엔 참 멋진 가방이었는데 바닥에 내팽개쳐져 있었다. 나는 가방을 집어 들고 나서야 그 이유를 알 수 있었다. 가방 정면에 'E. Murray'라는 이름이 적혀 있었다. 자신의 가방을 너무나 사랑한 탓인지, 자신의 물건을 잘 간수하지 못하는 사람이었기 때문인지, 가방에다 커다랗게 이름을 적어놓은 것이다. 나는 이름이 적혀 있는 가방이 마음에 들었다.

가방을 사 들고 오면서, 한 사람의 일상을 상상해보았다. 머레이 씨는 가방을 들고 어딜 갈까. 회사원일까, 공무원일까, 학교에서 아이들을 가르칠까, 아니면 헌책방의 사장님일까. 상상은 끝없이 이어졌다. 가방은 그런 상상을 하기에 딱 좋은 물건이다. 폴리오 케이스가 아니라 여성용 핸드백이었다면 더욱 야릇한 상상을 할 수도 있었을 테지만, 핸드백은 아무리 들여다봐도 어떤 게 내 맘에 드는 건지도 잘 모르겠다. 패션쇼나 텔레비전 프로그램에서 명품을 소개할 때에도 눈길이 멈추는 가방은 거의 없었다.

버려진 가방들은 모두 어디로 갈까

내가 가장 좋아하는 가방은 '3Way' 가방이다. 크로스백으로 사용할 수도 있고, 손잡이로 들고 다닐 수도 있고, 백팩으로도 사용할 수 있는, 세 가지 방식이 결합된 가방이라면 디자인이 어찌 됐든 일단 마음이 끌린다. '3Way' 가방만 보면 정신을 잃는 스스로가 한심하게 여겨질 때도 있었지만, 가방의 본질에 가장 근접한 마음이라고 스스로를 위로하고 있다. 인류의 정착 생활로 인해 가방이 시작됐고, 식량 운반과 저장을 위해, 때로는 다른 지역 사람

들과의 물물교환을 위해 가방은 발달해왔다. 물건을 잘 운반하기 위해서는 '3Way'가 필수지, 암, 그렇고 말고. 나는 가방의 본질을 잊지 않고, 가방을 진짜 가방으로 쓰고 있는 셈이다.

내가 만약 타임머신을 타고 처음 가방이 만들어지던 때로 돌아간다면 '3Way' 가방을 선물로 주고 싶다. 한번 써보면 반하고 말겠지. 내가 선물한 '3Way' 가방을 바탕으로 수많은 개발이 이뤄질 것이고, 내가 현재로 다시 돌아왔을 때는 엄청난 가방이 개발돼 있지 않을까, 싶지만 가방은 별로 달라지지 않았을 것이다. 앞으로도 가방의 본질은 크게 달라지지 않을 것이다.

여성들의 가방 역시 달라진 건 많지 않다. 오래전의 핸드백은 주로 열쇠나 빗, 칼, 향수를 넣는 데 쓰였다. 핸드백은 한때 여성들의 치마 속으로 들어가서 은밀하게 사용되기도 했지만, 여성들의 옷이 슬림한 스타일로 변하면서 다시 손으로 들고 다니게 됐다. 예나 지금이나 핸드백은 가장 가까이 있어야 할 물건들, 자신을 지켜줄 수 있는 물건이 들어 있는 방패다.

어떤 물건이든 마찬가지겠지만 만들어지는 공정을 보고 나면 가방이 달라 보인다. 하나의 덩어리로만 보였던 가방의 작은 조각들이 새롭게 보인다. 핸드백 만드는 공정을 보고 나니 이젠 어떤 핸드백이 좋은 핸드백인지 어렴풋하게 알 것 같다. 있어야 할 것들은 반드시 있고, 꼭 있어야 할 것들을 없는 것처럼 숨겨놓은 가방, 어차피 있어야 할 것들이라면 최대한 튼튼하고 아름답게 만들어놓은 가방. 그런 핸드백이 좋은 핸드백이 아닐까. (아, 아닐지도 모른다, 솔직히 자신 없다.)

하나의 가죽 가방을 만들기 위해서 최소 120번, 최대 1000번 정도 손이 간다. 하나의 가방은 최소 50쪽, 아주 세밀한 가방은 150쪽의 조각이 붙어서 만들어진다. 기계 작업을 할 수 있는 공정이라곤 가죽 재단실에서 가죽을 잘라낼 때와 재봉틀로 박음질을 할 때뿐이다. 가죽의 옆면에다 약물을 칠하는 일도, 가방 밑바닥에 쇠를 달기 위해 구멍을 뚫는 일도, 스트랩에 색을 입히는 일도, 모두 사람이 직접 해야 한다. 공장의 직원은 모두 60여 명인데, 한 사람이 만들 수 있는 가방의 개수는 (월평균을 내보면) 하루에 두 개꼴이다. 분업화된 방식을 감안해봤을 때 생산량이 무척 적은 편이다. 그만큼 노동 집약적이고 공정이 까다롭다. 공장이긴 하되 공방이라 불러야 할 것 같은 곳이다.

공장의 샘플 개발실에서는 계속 새로운 가방을 만들어내고 있다. 개발실에서는 가죽 재단부터 배접, 조립, 재봉, 약물 공정까지 모든 공정을 진행해서 샘플을 만들어낸다. 만들어진 샘플이 성공적이면 업무의 표준을 만든 후 각 공정별로 작업 지시가 전달된다. 시즌마다 100종류 정도의 샘플을 만들고 그중 3분의 1 정도만 살아남는다. 그중 절반 정도가 시장에서 살아남을 것이

고, 그중 몇 개는 많은 사람들의 마음을 매혹시키는 베스트셀러
가 될 것이다. 선택받지 못한 가방들은 다들 어디로 갈까. 가끔
그런 생각이 들 때마다 가방이 가득 쌓인 벼룩시장의 풍경을 떠
올린다. 아, 그 가방들을 구출해주러 가야 하는데······.

가방 디자인 하기

저는 가방을 무척 좋아합니다.
하지만 마음에 드는 가방을 찾기는
무척 힘듭니다.

손으로 드는 가방은
어쩐지 번거롭고,

배낭은 편리하긴 한데
클래시컬한 맛이
부족하고,

옆으로 메는 가방은
어깨가 너무 아프고,

3-way 가방은
다양한 방식으로 들 수 있지만
디자인이 너무 복잡합니다.

그래서, 저는
이런 가방을 꿈꾸어 보았습니다.
디자인도 중요하지만 기능이 더욱 강화된
3-way, 3-Cooling 가방.

등 지압 기능
메기만 해도 시원해요.

짐이 되는 스피커
어깨에서 노래가,
어깨춤이 저절로.

등풍기
등에서 시원한 바람이,
등에서 바람 잘 날 없어요.

허리지
허리를 마사지 하는 기능,
겨울이면 뜨끈뜨끈.

우아하게 ~ 자신 있게

NOW READING

지금 읽고 있는 책을 보여주며
취향을 드러낼 수 있어요.
CD로 교체하여 NOW PLAYING 기능으로
사용할 수도 있어요.

기능은
달라도
시원하긴
마찬가지

아유 시원해 ~

아휴 등 시려 ~

아휴 시원하다

어른들을 위한 가방.
몸을 먼저 생각하는 가방.

06

펭펭하고 따끈따끈한 지구

★

지구본 공장 산책기

불량품 지구본에 대한 고전 유머가 있다. 한 초등학교를 방문한 장학사가 아이에게 물었다. "학생, 지구본이 왜 기울어져 있는지 알고 있나?" 아이가 대답했다. "제가 안 그랬는데요." 옆에 있던 담임선생에게 묻자, 난처한 표정으로 이렇게 대답했다. "그거 사 올 때부터 그랬습니다." 장학사는 마지막으로 교장에게 말을 걸었다. "교장 선생님이 한 말씀 해주시죠." 교장이 시큰둥한 표정으로 대답했다. "국산이 다 그렇죠." 이 짧은 유머 속에는 (거창하게 보자면) 공교육과 학교 시스템에 대한 비꼼이 들어 있고, 국산 공산품에 대한 불신이 스며 있다. 공교육과 학교의 시스템은 얼마나 나아졌는지 모르겠지만 한국산 공산품에 대해서는 이제 농담을 바꾸어야 할 것 같다. 요새는 '메이드 인 코리아'를 보면 어쩐지 반갑고 믿음이 가지 않나? 나만 그런가.

불량 지구본 농담을 해준 사람은 ㅅ 지구본 회사의 마케팅 총괄 팀장 ㄱ 씨였다. 전부터 알고 있던 우스개였지만, 지구본을 만드는 사람에게 저 이야기를 들으니 새로웠다. 자학과 자부심을 버무린 유머 같달까. ㄱ 팀장의 말에 따르면, 저 우스개가 농담의 세계인 것만도 아닌 게 가끔 그런 전화가 걸려 오기도 한단다. 지구본이 비뚤어진 게 아무래도 불량품 같다고, 제대로 만든 지구본과 바꿔달라고.

ㅅ 지구본 회사 앞에서 '국산이 다 그렇다'는 말을 절대 할 수 없는 게, 이 회사는 국내에서 최초로 지구본을 제작한 곳이고, 세계 여러 나라에 지구본을 수출하고 있으며, 2011년에는 스마트폰으로 지구본을 찍으면 각종 정보가 나타나는 '스마트 지구본'을 개발해 세계의 이목을 집중시켰던 곳이기도 하다. 지리학과 출신의 사장님이 1977년에 직접 세운 이 회사는 초기엔 고생이 많았다. 지구본 제작의 필수인 지리 정보를 얻어내기 힘들었고, 제작의 노하우를 알려주는 곳도 없었기 때문에, 모든 걸 자체적으로 개발해왔다. 처음에는 둥근 플라스틱 공에다 여러 장으로 분리된 지도를 일일이 붙이는 방법으로 지구본을 제작했지만, 지금은 플라스틱 성형에서부터 대부분의 과정을 기계화했다.

북반구와 남반구를 결합하면, 지구

공장에 들어섰을 때 가장 재미있는 풍경은 수많은 지구들이 널브러져 있는 것이었다. 어딜 둘러봐도 전부 지구다. 반 토막 난 지구, 동그랗게 변모하기 이전의 종이 위에 인쇄된 평면 지구, 손질이 덜 끝나서 너저분한 지구, 깔끔하게 완성된 지구, 상자 속에서 출고되길 기다리는 지구. 이건 마치 우주의 모습 같기도 하다. 수많은 행성들이 사방에 널브러져 있고, 어떤 행성은 반 토막 난 채로 차곡차곡 엎어져 있다. 우주를 만든 하느님이 있다면 그 작업실의 풍경이 이렇지 않았을까. 하느님도 '우주 공장'이란 걸 만든 다음 수많은 시행착오를 거쳐가며 이토록 거대한 우주를 만든 것은 아닐까.

지구본 만드는 과정을 지켜보고 있으면 재미있기도 하고 신기하기도 하다. 다른 게 아니라 지구니까, 우리가 살고 있는 곳을 압축해서 만드는 거니까, 우리보다 커다란 지구를 우리보다 작게 만드는 곳이니까, 기분이 묘하다. 우선 (지구본을 만들 때 쓰는 특별한 도법을 이용해) 평면에다 지도를 인쇄한다. 작은 원 속에 반구의 모든 면적이 압축돼 있다. 오밀조밀, 바글바글하다. 지도 양쪽 면에 코팅을 하고 난 다음에는 (코팅이란 어쩌면 지구의 오존층 같은 것일까?) 반구 모양의 기계에다 얹는다. 열이 가해지고, 코팅

된 평면 지구는 조금씩 부풀어서 반구형으로 바뀐다. (ㄱ 팀장의 표현에 따르면 '풀빵 기계와 비슷한 원리일 것 같다.') 평면에서 작았던 글씨는 조금 커지고, 평면이었던 바다는 둥그런 모양이 된다. (맞아, 지구는 둥글고, 바다는 평면이 아니었어!) 반구형의 지도를 둥근 플라스틱 구에다 씌우고, 북반구와 남반구를 결합하면 된다.

"쉬워 보이지만 어려운 기술이 많이 들어가 있습니다. 코팅 기술만 해도 외국에서는 절대 흉내 못 냅니다. 지도 양쪽으로 코팅을 하는 거라서, 조금만 잘못해도 공기가 들어가버리거든요. 외국에서는 코팅하는 대신 두꺼운 곳에 인쇄를 한 다음 약품 처리를 하는 경우가 많은데, 그런 경우는 지도가 지워지기 쉽죠. 아예 종이로 지구본을 만드는 곳도 있고요. 플라스틱 성형하는 기계를 제작하는 것도 무척 힘든 일이었습니다."

기술에 관련된 것들을 설명해주시는 상무이사님의 얼굴을 보면서 나는 자꾸만 '코팅이라면, 나도 잘 아는데, 피비 케이츠와 소피 마르소와 브룩 쉴즈를 통해 많은 기술을 배웠는데……'라는 생각을 하다가 문득 그때 이런 기술을 알았더라면 평면인 피비 케이츠의 얼굴을 코팅한 다음 입체 모형으로 만들 수도 있었겠다는, 지구본 공장과는 어울리지 않는 공상도 해보았다. 어린 시절의 코팅 얘기를 잠깐 꺼냈는데, 상무님은 조용히 한 말씀 하셨다.

"그런 코팅과는 다릅니다." (죄송합니다, 상무님.)

지구본의 종류는 무척 많다. 일반적인 행정도 지구본을 비롯해 위성 영상을 이용해 만든 지구본도 있고, 전 세계의 지형을 자세히 보여주는 지세 지구본도 있다. 공장을 돌아보다 가장 탐이 났던 건 LED 별자리 지구본이었다. LED 별자리 지구본은 평상시엔 위성 영상 지구본이다가, 주위의 불을 다 끄고 지구본 스위치를 켜면 88개의 별자리 모습을 보여준다. 땅의 윤곽이 사라지고, 어둠 속에서 별자리가 드러난다. 교육적이기도 하지만 무척 아름답다. 앞에 지구본 공장을 두고 '하느님의 우주 공장'이라는 표현을 쓰기도 했지만 별자리 지구본이야말로 하느님의 침실에 반드시 있을 것 같은 물건이다. 하느님이 우주에서 지구를 들여다볼 때 이런 모습이 아닐까. 별들 사이로 보이는 지구가 이런 모습이 아닐까. 한밤중 모든 불을 끄고 별자리 지구본을 보고 있으면 우주에서 지구를 들여다보는 기분이 들 것 같다.

공장을 돌아보다 가장 재미나 보였던 작업은 북반구와 남반구를 조립하는 공정이었다. 15년 경력의 (공장 직원 대부분의 경력이 15년 이상이다) 북반구 남반구 결합 전문가는 탁자와 배 사이에다 지구를 꼭 끼운다. 지구를 꼼짝 못하게 고정시키고는, 꼼꼼하게 확인하려는 표정도 없이, 그저 무심하게, 여기저기를 툭툭 쳐가면서, 아무 일도 아니라는 듯 대충 끼워 넣는다. 곧 지구가

완성된다. 아, 이렇게 쉬울 수가…….

　자, 여러분, 우주는 어떻게 만들어졌을까요. 우주의 중심에 별들을 생산하는 공장이 있었는데요, 그 공장에는 북반구와 남반구를 결합하는 수많은 조립자들이 살고 있었어요. 별들이 넘치고 넘쳐 공장 창고의 밀도가 높아지고, 이내 빅뱅이 일어나게 된 거예요. 창고에 쌓여 있던 별들이 사방으로 흩어졌어요. 별들에게 생명이 주어졌고, 시간이 시작된 거예요. 참, 쉽죠? 그런데, 그 많던 조립자들은 다 어디로 간 것일까요. 자, 아는 분 손들어 보세요.

　지구본 공장을 돌아다니다 보면 자꾸만 우주를 생각하게 되고, 창조주를 생각하게 된다. 우주란 게 무엇인지, 우주 속의 티끌보다 작은 우리는 과연 누구인지 생각하게 된다. 우리가 지구본을 들여다보는 것도 그런 이유일 것이다. 우리가 누군지, 여기서 살고 있다는 게 어떤 의미인지, 지구본 속에 적힌 나라 이름과 도시의 이름이 무슨 소용인지, 생각하게 된다. 둥근 지구와 나라 이름과 도시 이름을 보면서 상념에 잠긴다.

지구에서 바람 빼기

지구본을 들여다보는 우리들이야 아무렇게나 상념에 잠겨도 되지만, 공장을 운영하는 분들에게는 이게 다 실무고 스트레스다.

"가장 힘들 때요? 심심하면 수도를 옮기는 나라들이 있어요. 나라마다 사정이 있는 거겠지만 그 사람들이 수도를 옮길 때마다 우리는 지도를 바꾸고 지구본 데이터를 업데이트해줘야 됩니다. 1992년 소비에트 연방이 해체됐을 때 엄청난 작업이 있었고요, 버마가 미얀마로 바뀌기도 했고, 최근에 있었던 큰일은 남수단이 분리 독립했을 때죠. 그런 정보를 빨리 얻어내는 저희만의 노하우도 생겼습니다."

세계는 끊임없이 변화하고 있다. 움직이고 있다. 둥근 공 모양에다 지구의 지도를 새겨 넣으면 되는 일 같지만, 간단할 리 없다. 그 속에 살고 있는 사람들은, 간단하지 않다. ㅅ 지구본 회사는 정확한 지구본을 만들기 위해 노력하다 적도에 관련된 특허를 얻기도 했다. 지구본의 적도에는 접합을 위해 선이 생길 수밖에 없었고, 이전에는 그 부분을 적도선이라고 그었지만 그건 잘못된 방법이었다. 적도선이란 건 가상의 선일 뿐인데, 그걸 긋고 나니 실제 땅이 보이지 않았다. 북반구와 남반구를 이어 붙일 때 지도를 안으로 접어 넣는 방식으로 더 정확한 지도를 표현할 수 있었다. 적도선을 그리게 되면 적도 부근의 사람들을 표현할 수 없는 것이다.

좋은 지구본이란 어떤 것일까. 동그란 형태를 오랫동안 유지하는 것도 중요할 것이고 (지구가 네모라고 생각하는 사람들을 위한 지구본도 만들면 재미있겠다) 정확한 위도와 경도를 표시해주는 것도 중요할 것이고 (엉터리 데이터를 기반으로 만들어진 지구본도 꽤 많다고 한다) 재빠른 정보 업데이트도 중요할 것이다. 내가 생각하는 좋은 지구본의 요소에서는 디자인도 무척 중요하다.

지구본 디자인에는 여러 가지 요소가 있을 텐데, 바다와 땅을 어떤 색으로 채우는지 보면 지구본에 들어간 정성을 알 수 있고, 나라 이름과 도시의 이름을 어떻게 써 넣었는지를 보면 회사의 꼼꼼함을 알 수 있다. 카토그래퍼가 하는 게 그런 일들이다. ㅅ 지구본 회사에는 매일 지구를 들여다보는 카토그래퍼가 있다. 어떻게 하면 도시 이름과 나라 이름을 효율적으로 배치할 것인가, 좀 더 아름다운 색의 지구를 만들 것인가 고민하는 사람이다. 영어와는 달리 문자가 좀 더 복잡한 한국어로 지구를 만들어야 하기 때문에 고충이 더 클 수밖에 없다. 고충은 크겠지만 멋진 직업이라는 생각이 든다. 둥근 공 모양에다 간단하게 지도를 박아 넣는 일이 아니라, 살아 움직이는 세계를 그 좁은 곳에다 압축해 넣는 일이다.

찰리 채플린의 영화 〈위대한 독재자〉에는 지구본을 돌리며 세계 정복을 꿈꾸는 독재자가 등장한다. 실제로 히틀러의 지구본이 경매에 나온 적이 있었는데, 지구본의 대서양과 지중해에는 잠수함의 경로를 그려놓은 흔적이 있다고 한다. 지구본을 그렇게 사용한 사람도 있었다. 독재자는 지구본을 보면서 이렇게 좁은 지구를 금방 정복할 수 있을 것 같다는 생각을 했겠지. 지금도, 지구본을 그런 용도로 사용하는 사람이 있을 것이다.

ㄱ 팀장님의 설명에 따르면, 지구본이 불티나게 팔리는 순간이 있다고 한다. 전쟁이 일어났을 때 그렇다. 이라크 전쟁이 일어났을 때, 리비아 내전이 일어났을 때, 지구본이 팔린다. 이라크가 어디에 붙어 있는지, 리비아가 어디에 붙어 있는지 궁금한 사람들이 지구본을 사는 것이다. 아이들에게 그 나라의 위치를 가르치기 위해 지구본을 사는 것이다. 얘들아, 여기에서 지금 사람들이 죽고 있단다. 이렇게 지구본을 돌려보면 참 가까운 나라인데 말이지, 거기에서 지금 누군가 죽어가고 있는 거야. 독재자의 생각처럼, 지구는 생각보다 크지 않다. 모든 사람들이 충분히 같이 아파할 수 있는 거리에 있다.

지구본 제작의 마지막 과정은 지구를 완전한 구의 형태로 만드는 것이다. 지구의 핵에서 바람을 빼는 전문가는 이리저리 굴려가며 지구를 건조시킨다. 두 방향에서 열을 가하면 쭈글쭈글했던 지구가 팽팽하게 펴진다. 완전한 구의 형태가 된다. 동그랗고 단단해진 지구는 커다란 박스 안으로 들어간다. 지구는 이제 아주 따끈따끈할 것이다. 팽팽하고, 따끈따끈하고, 온화하고, 주름 하나 없는, 새것인 지구가 부럽다.

사물의
뒷면

트렁크

여행을 마치고
공항에 도착했는데),
트렁크는 오지 않았다.
가슴이 덜컥 내려앉았다.
트렁크에 든 것들을 하나하나 생각해보았다.
내가 좋아하는 5년 된 재킷,
여행지에서 산 스니커즈,
사람들에게 선물할 작은 선물들,
사서 한 번만 입었던 스웨터.
아, 그 작은 가방에 참 많은 게 들어 있었구나.

종이 가방

지하철에서
행색이 초라한 할아버지가
명품 브랜드의 종이 가방을 들고 있었다.
딸의 것일까, 며느리의 것일까, 아니면 손녀?
주운 것일까, 받은 것일까,
그 안에는 뭐가 들어 있을까.
화장품이 들어 있을까, 할아버지의 속옷이 들어 있을까.
가서 그 안을 들여다보고 싶다.
종이 가방은 아무것도 얘기해주지 않는다.
우리는 아무것도 모른다.

지갑

지갑을 자주 바꾼다.
지갑을 바꾸는 것만으로도
마음이 새로워진다.
하는 일은 똑같은데
지갑 바꾸는 것으로
마음이 새로워지다니,
이상한 마음이다.

안경

난시 교정용 안경을 쓰고 있다.
안경에 작은 얼룩만 있어도
눈앞이 온통 흐려진다.
티끌이 태산을 가린다.
가까이 있는 것은, 그래서,
생각보다 큰 것이다.

07

사랑을 생산하는
공장

★

초콜릿 공장 산책기

초콜릿 공장에 대해서는 길게 설명할 필요가 없을 것 같다. 유명한 장면 하나만 보여주면 끝이다. 팀 버튼의 영화 〈찰리와 초콜릿 공장〉의 오프닝 시퀀스만 보면 초콜릿 공장의 내부를 반 이상 본 거나 마찬가지다. 영화가 시작되면 배관을 통과한 '초콜릿색' 초콜릿을 디포지터(Depositor)로 몰드에 주입한다. 몰드를 바이브 레이팅하여 제품 모양을 만들고, 쿨러로 초콜릿을 냉각한다. 영화 속에서는 애드벌룬으로 초콜릿을 이동시키는데 당연히 그런 건 없고 (팀 버튼은 생산비 절감 개념이 아예 없는 사람이니까) 냉각된 초콜릿을 포장지로 싸면 끝이다. 현실의 공장과 팀 버튼이 만들어낸 공장의 모습은 놀라울 정도로 비슷하다. 초콜릿을 만드는 공정이 비슷한 것은 당연할 텐데, 내가 찾은 공장은 팀 버튼이 만들어낸 공장과 외관도 무척 닮았다.

단거는 모두 위험할까?

공장의 위치는 서울 시내 한복판인 영등포 근처였다. 서울 시내에 이렇게 큰 공장은 거의 없다. 멀리서 공장을 보면 비효율의 극치 같다. 대부분의 공장들이 수도권으로 옮겨 가거나 아예 다른 나라로 옮겨 가는 판에 땅값이 비싼 서울 한복판에 초콜릿(을 비롯한 제과) 공장이 있다는 게 이상하게 보일 수밖에 없다. 혹시, (〈찰리와 초콜릿 공장〉의 주인공인) 윌리 웡카가 실제로 공장을 운영하는 게 아닐까? 공장 속에서는 움파룸파족들이 일을 하고 있는 게 아닐까? 그 속에 들어가면 마법의 공간이 펼쳐지는 게 아닐까? 당연히 그럴 리 없지만 초콜릿 공장을 바라보면 그런 상상을 하게 된다.

　로알드 달의 원작 《찰리와 초콜릿 공장》에는 이런 대목이 나온다. "하루에 두 번, 등하교 시간에 찰리 버켓은 초콜릿 공장 입구를 지나쳐 가야 했다. 그때마다 그는 최대한 천천히 걸어가며 코를 킁킁거리면서, 달콤한 초콜릿 냄새를 흠뻑 들이마시곤 했다. 아, 그 냄새는 얼마나 황홀한지! 찰리는 공장 안으로 들어가

보고 싶었다. 도대체 이 초콜릿 공장 안은 어떻게 생겼을까?"

초콜릿 공장 안으로 들어가자마자 찰리의 심정을 이해할 수 있었다. 세상에, 내가 가본 공장 중 가장 좋은 향이 실내 곳곳에 퍼져 있었다. 달콤하고, 은은하고, 유혹적이면서도 편안했다. 좋은 초콜릿을 만들기 위해서는 1년 내내 똑같은 온도를 유지해야 하는데, 온도 역시 내 몸에 안성맞춤이었다. 덥지도 않고 춥지도 않다. 윌리 웡카가 공장 밖으로 나오지 않고 자신만의 세계를 구축한 이유를 알 것 같기도 했다. 나라도 나가기 싫겠다.

초콜릿은 생각할수록 흥미로운 물질이다. 초콜릿은 여유와 행복의 상징이었다. 미군의 지프차 뒤를 졸졸 쫓아다니며 '기브 미 쪼꼴릿'을 외쳤다는 어르신들의 일화를 수없이 들었다. 그건 어쩌면 '기브 미 여유와 행복'을 외친 것일지도 모른다.

한때 초콜릿은 부의 상징이기도 했다. 초등학교 시절, 외제 초콜릿을 들고 와서 거드름을 피던 몇몇 친구들을 기억하고 있다. 우리 집은 '구멍가게'를 운영하고 있었지만 내가 가진 국산 초콜릿으로는 친구들의 외제 초콜릿을 당해낼 재간이 없었다. 외제 초콜릿은 강력했다. 초콜릿 한 조각씩 나눠주면 아이들은 전부 녹아내렸다.

초콜릿은 미식의 상징이기도 하다. 나는 한때 피스톨 형태의 카카오 99퍼센트 초콜릿에 빠져서 식후 하나씩 디저트로 먹기도 했는데, 먹으면 먹을수록 깊이가 있는 맛이었다. 달콤함의 그래 프를 몸으로 체험하는 것처럼 가장 단맛과 가장 쓴맛이 그 속에 공존하고 있었다. (가격 문제로 지금은 끊었다.) 이제 초콜릿은 다시 여유와 행복의 상징이 된 것 같다.

어르신들이 어린 시절 가난과 굶주림 속에서 초콜릿 하나만 큼의 여유와 행복을 원했다면, 지금 우리는 돈과 인간관계의 스트레스 속에서 초콜릿 한 조각만큼의 여유와 행복을 원하고 있다. 공장에서 만들어낸 최고의 스테디셀러 '가나초콜릿'의 카피가 지금도 생생하다. '가나와 함께라면 고독마저 감미롭다', 오래된 카피지만 요즘 들어 더욱 와 닿는 문장이다. 혼자 있는 시간, 초콜릿을 먹으며 쉴 수 있는 시간이 얼마나 감미로운가.

우리는 초콜릿을 먹는다는 행위에 대한 죄책감을 갖고 있는 것인지도 모른다. 우리는 흔한 농담처럼 '단 거는 위험하다 (danger)'고 생각한다. 쾌락을 쫓는 것은 건강을 해치는 일이며, 여유와 행복을 추구하기보다 더욱 성실하게 일해야 한다고 생각한다. 우린 그렇게 살아왔다. 윌리 웡카는 초콜릿을 이렇게 정의한다. '초콜릿은 사랑받는다는 느낌을 갖게 해주는 엔돌핀을 분비하게 해주는 물질'이다. 실제 카카오 폴리페놀을 비롯한 여러 가지 초콜릿 성분들이 (각종 성인병 예방과 우울증 해소처럼) 인체에 유익하다는 보고가 이어지며 초콜릿 판매량이 날로 늘어나고

있다는데, 어쩌면 그건 더 많은 사랑을 받고 싶어 하는 현대인들의 마음이 작용한 것인지도 모르겠다. 카카오 함량이 높은 초콜릿이 점점 잘 팔리는 것은, 맛을 추구하려는 마음과 사랑받고 싶은 마음의 시너지 효과 때문은 아닐까, 나 혼자 추측해봤다.

도시의 초콜릿과 시골의 초콜릿

다시 공장으로 돌아오자. 공장의 모습이 팀 버튼의 영화 속 장면과 흡사하다고 묘사했지만 물론 그게 다는 아니다. 영등포 공장의 진면목은 초콜릿을 포장하는 곳이 아니라 모든 초콜릿 제품의 근원이 되는 일명 '초콜릿 스위트'를 만드는 곳이다. 영등포 공장은 국내에서 유일하게 가나에서 카카오 원두를 사들여서 직접 가공하는 곳이다. 원두를 가공해 여러 가지 재료를 넣은 다음 하루 동안 배합을 한다. 제품마다 스위트의 배합과 성분과 숙성 시간이 다르다. 아이스크림콘에 들어가는 초콜릿의 스위트가 다르고, 막대 초콜릿 과자에 들어가는 스위트가 다르고, 기본적인 초콜릿 스위트가 다르다. 배합실에서 만들어진 스위트는 24시간 동안 배합을 하게 되는데, 이곳의 분위기가 기묘하다. 수많은 저장고에 다양한 종류의 스위트가 들어가 있는데, 끼이익, 하는 소리가 끊임없이 공간에 울려 퍼진다. 스위트가 굳지 않도록 계속 저어주는 소리인데, 어떻게 들으면 생물체가 번식하는 소리 같기도 하다.

영등포 공장이 세워진 것은 1967년이다. 초콜릿을 생산하기 시작한 것은 1975년 3월이다. 처음에는 간단한 초콜릿만 만들었지만 시간이 지날수록 다양한 제품을 만들었고, 공장의 크기도 커졌다. 공장의 크기가 커질수록 초콜릿 스위트를 옮기는 게 문제였다. 해결책으로 건물과 건물 사이로 배관이 흐르기 시작했다. 영화 속 장면과 비슷하다. 따끈따끈한 초콜릿 스위트가 관을 타고 다른 건물로 이동하는 것이다. 간단한 문제가 아니다. 영화 속에서야 그냥 이동시키면 되지만 현실에서는 고려해야 할 게 많다. 겨울에는 얼 수도 있다. 그래서 따로 열을 가해주어야 한다. (아직까지 그런 적이 없지만) 어딘가 한 군데 막히면 배관을 몽땅 뜯어내야 한다. 건물과 건물을 연결하는 배관의 가격은 상상을 초월할 정도로 비싸다. 쉽게 공장을 이전하지 못하는 데는 그런 이유도 있다. 공장을 이전해서 얻을 수 있는 이익보다 건물과 배관을 모두 해체해서 옮기는 데 더 많은 비용이 들 수도 있다. 어쩌면 언젠가부터 이 공장은 살아 있는 유기체로 변한 것인지도 모른다. 따끈따끈한 초콜릿 스위트가 관을 타고 피처럼 건물 곳곳을 돌아다니는 곳, 향긋한 초콜릿들이 소리 내며 숙성되는 곳, 길을 지나가던 아이들이 멈출 수밖에 없는 곳, 상상력을 발동하여 꿈을 꾸게 하는 곳.

초콜릿을 생각하면 떠오르는 어린 시절의 기억이 몇 개 있다. 누구나 그럴 것이다. 아이들이라면 초콜릿을 좋아하게 마련이고, 아이들 옆에는 초콜릿을 먹지 못하게 하는 어른들이 있게 마련이다. 어쩌면 세상은 그렇게 굴러가도록 되어 있는 것인지도 모르겠다. 어른들은 아이들에게 뭔가 금지시키고, 아이가 자라 어른이 되면 새로운 아이들에게 뭔가 금지시킨다. 금지와 허용이 반복된다. 반복되는 금지와 허용 사이에서 아이들은 자란다. 금지가 많은 곳에서 자란 아이들과 허용이 많은 곳에서 자란 아이들은 많이 다를 것이다.

　나 역시 어린 시절에 초콜릿을 무척 좋아했다, 는 것은 무척 약한 표현이고, 없어서 못 먹었다. 쫀드기와 뽑기 같은 불량식품의 틈바구니에서 초콜릿은 숭배받을 만했다. 입안에서 찐득하게 녹아내리는 감촉은 먹을 때마다 경이로웠다. 초콜릿을 먹는다는 것은 사치였고, 일탈이었다. 친구들이 가게에서 가장 많이 훔치는 제품 역시 초콜릿이었다. 내가 먹어본 초콜릿 중 가장 기억에 남는 맛은 무엇이었을까 생각하다가 어떤 장소가 떠올랐다.

　부모님의 고향은 안동의 시골 마을인데, 명절이 되면 어머니의 손을 잡고 그곳에 가곤 했다. 그중에서도 외갓집은 기차를 타고 간 다음 버스를 두 번 갈아타야 하는 곳이었고, 마을로 들어가는 버스는 하루에 두 대뿐이었다. 지금도 외갓집 가던 길의 허름한 정류장들이 생각난다. 어찌 된 일인지 한번은 형과 나 둘이서만 외갓집을 찾아간 적이 있었다. 아마도 부모님들이 무척 바빴을 때였을 것이다. 우리를 끔찍이 예뻐해주시던 외할머니는 우리가 지루할 틈이 없게 하려고 맛있는 음식도 만들어주시고 소도 구경시켜주셨지만, 외할머니의 손맛 같은 건 모르던 나이였고, 눈만 끔뻑거리고 있는 소가 재미있을 리 없었다. 할머니는 사태의 심각함을 파악하고, 나를 동네의 구멍가게로 데려가셨다. 뭔가 먹을 걸 주어야 하루 종일 심심하다고 종알대는 내 입을 막을 수 있을 거라고 판단하신 것이다. 할머니는 꼬깃꼬깃한 지폐를 꺼내 과자를 사주셨고, 초콜릿도 사주셨다. 과자는 몇 분 내로 다 먹었고, 초콜릿은 아껴두었다.

다음 날 형과 함께 집으로 향했다. 버스를 타러 가려면 먼지 풀풀 풍기는 길을 한참 걸어가야 했다. 나는 초콜릿을 꺼냈다. 초콜릿의 금박을 벗기는 순간, 나는 입을 쩍 벌릴 수밖에 없었다. 초콜릿에 하얀 곰팡이가 핀 것이다. 나는 하얀 곰팡이가 피어 있지 않은 부분만 잘라내서 초콜릿을 먹었다. (아마도.) '아이씨, 시골이니까 이거 봐, 초콜릿도 이래!'라는 생각을 하며 초콜릿을 먹었던 것 같다. 발걸음은 실망으로 가득 차서 무거웠지만 초콜릿은 달았다. 반밖에 먹을 수 없어서 더 소중한 맛이었고, 걷는 동안의 친구여서 더 달게 느껴지는 맛이었다. 형과 함께 걸었는데 초콜릿을 혼자 다 먹었던 것 같은 기억은 나의 착각일까, 아니면 초콜릿이 두 개였을까?

한참 후에야 초콜릿에 피어 있는 곰팡이를 먹어도 된다는 사실을 알게 됐다. 실은 그건 곰팡이가 아니었다. 초콜릿 속의 유지를 안정시키지 못하면 초콜릿과 기름이 분리되고 표면에 흰색 반점이 생기게 되는데, 이것을 블룸(Bloom) 현상이라고 한다. 최근에는 기술이 좋아져서 이런 현상이 많이 없어졌지만 초콜릿을 고온에서 관리하는 시골의 가게에서는 종종 블룸 현상이 일어나기도 한다는 것이다. 외할머니가 사준 초콜릿 역시 관리 소홀로 인한 블룸 현상이 발생한 제품이었을 것이다. 지금 그때의 일을 생각하면 먹다 버린 초콜릿이 아깝기도 하고, 하얀색 반점을 더럽다고 생각한 게 부끄럽기도 하다. 초콜릿을 버리게 된 데에는 외갓집의 모든 것이 촌스럽고 비위생적이라고 생각한 나의 마음도 큰 작용을 했을 것이다.

시골길을 걷던 어린 시절의 내 앞에 초콜릿 전문가가 나타나서는 "완제품 상태에서의 유통기간은 1년입니다. 보관 온도만 잘 지키면 갓 만든 초콜릿과 비교해도 풍미에 큰 차이가 없습니다. 드셔도 됩니다"라고 말해봤자 그 말을 믿지 않았을 것이다. 성인

이 되었을 때 외할머니를 좋아하면서도 송구스러웠던 것은 그런 마음 때문이었을 것이다.

섹스와 초콜릿 중 하나를 선택하라

배합실에서 만들어진 스위트를 24시간 동안 배합하고, 온도 조절하는 것이 유지를 안정화시키기 위한 작업이다. 완성된 초콜릿을 박스에 담은 후에도 곧바로 출시하지 않는 이유 역시 유지 안정화 때문이다. 여름이면 스티로폼에다 담아서 옮기고, 냉방차를 이용해 운송하는 것도 유지 안정화 때문이다. 가장 많은 클레임이 들어오는 게 블룸 현상 때문이니 신경을 쓸 수밖에 없다. 연구원들의 말에 따르면 외국의 초콜릿들은 배합 시간이 고작 5시간 안팎이라고 한다.

여름이 초콜릿의 비수기인 것도 그런 이유 때문일 것이다. 여름이 되면 어쩐지 모든 초콜릿이 녹아내릴 것 같다. 막대 과자를 선물하는 것도 겨울이고, 초콜릿을 선물하는 것도 차가운 날이다. 전 세계적으로 초콜릿을 가장 많이 소비하는 크리스마스 역시 한겨울이다. 밸런타인데이가 7월이나 8월에 있었다면 헤어지는 커플이 여럿 생겼을지도 모른다. "어떻게 나한테 상한 초콜릿을 선물할 수 있어? 당장 헤어져!" "아냐 그건 블룸 현상이라고

해서 꽃을 사지 못한 내 마음을 초콜릿에 담은 거야." ('Bloom'
은 꽃이 피었다는 뜻이고 실제 블룸 현상은 꽃이 핀 것 같은 모습이
다.) "어디서 사기를 치고 있어. 당장 헤어져." 이런 대화가 오가
지 않을까? 초콜릿 활성화를 위해 1년 중 가장 더운 8월 8일을(숫
자 8은 블룸하게 생기지 않았나?) '블룸 데이'로 정한 다음 블룸 현
상이 일어난 초콜릿을 서로 선물하면 어떨까. 사랑하는 사람에게
마음도 전하고 재고 정리도 할 수 있고 좋지 않을까. 블룸 현상이
가장 예쁘게 생겨난 초콜릿 콘테스트도 하고…….

2010년 미국의 한 조사에서 '섹스와 초콜릿 중 하나를 고르라
면 무엇을 선택하겠는가'라는 물음에 많은 여성이 초콜릿을 선택
했다고 한다. 불확실한 인간관계 속에서의 쾌감보다는 확실하고
안전한 쾌감을 원한다는 뜻일까. 아니면 도저히 포기할 수 없는
초콜릿만의 마력이 있는 것일까. '초콜릿의 성분 중 폴리페놀이
라는 물질이 암에 좋다더라.' '아니다 심장병에 더 좋다더라.' '초
콜릿을 먹는 사람이 더 날씬하다더라.' 매년 새로운 연구 결과가
쏟아져 나온다. 과학이 발전하면 할수록 더 많은 연구가 쏟아져
나올 것이다. 이런 연구 결과를 볼 때마다 '인간이란 도대체 어떤
동물일까' 궁금한 마음이 커진다. 자신에 대해서 궁금한 것도 많
고, 주위의 세계를 알아내려는 마음도 무척 크다.

나는 '섹스와 초콜릿 중 하나를 선택하라'고 한 미국의 조사가

잘못됐다고 생각한다. 그건 마치 '친구와 휴대전화 중 하나를 선택하라'는 말과 비슷한 것이다. (어쩌면 많은 사람들이 친구 대신 휴대전화를 선택할지도 모르겠지만.) 인간이 휴대전화를 발명한 것은 더 많은 친구를 사귀기 위한 거였다. 인간과 인간을 잇는 것이 휴대전화다. 초콜릿을 만든 것이 더 많은 섹스를 하기 위한 것은 아니었지만 (설마 그랬나?) 초콜릿은 인간들을 더 행복하게 해줄 수 있는 물질이다. 윌리 웡카가 초콜릿을 통해 가족과 친구를 얻었듯 '사랑받는다는 느낌을 갖게 해주는 엔돌핀을 분비하게 해주는 물질'인 초콜릿을 통해 우린 주위에 있는 사람들과 함께 좀 더 행복한 사람이 될 수 있을지도 모른다.

복숭아의 법칙

초등학교 시절, 부모님께서 작은 가게를 운영하신 적이 있다. 그때가 나의 호황기였고, 전성기였다. 학교에서 돌아오면 매일 콜라를 세 병쯤 마셨고, 과자는 허리춤에 달고 살았으며, 제철 과일도 신 나게 먹었고, 신제품 과자가 나오면 즉시 뜯어 먹는 과자 얼리어답터였다. 당연히 친구들이 부러워했다.

열심히 먹고 마시다가 부모님이 교회에 간 그 일요일 낮에 결국 일이 터지고 말았다. 부모님은 그때만 해도 열심히 교회에 다녔고, 일요일 낮 예배를 드리러 갈 때마다 내게 가게를 맡겼다. 나는 평소에도 열심히 먹고 마셨지만, 아무래도 (양심은 있어서) 부모님의 눈치를 보았던 것인지 일요일 낮 11시만 되면 더 많이 먹고 마셨다. 먹다 남은 과자와 음료수의 잔해들은 가게 뒤편의 내리막 공터에다 버렸다.

복숭아가 제철이던 시기였고, 가게에는 아침에 들여놓은 복숭아가 가득 쌓여 있었다. 나는 복숭아를 먹기 시작했다. 한 복숭아 하고 나니, 두 복숭아 세 복숭아는 한결 먹기 쉬웠다. 달디단 복숭아의 즙을 쉴 새 없이 삼키다 보니 죄책감도 없어졌다. 몇 개까지 먹었을까. 정확한 개수는 모르겠다. 한 열 개쯤은 먹지 않았을까 싶다. 나는 시침 뚝 떼고 제대로 가게를 본 척하고 싶었지만 그럴 수가 없었다. 장이 뒤틀렸고, 팔다리에 힘이 하나도 없었다. 부모님은 나를 병원 응급실로 데려갔다. 급체였다.

그때부터 복숭아를 먹지 못한다. 복숭아만 먹으면 팔에 발진이 생기고 온몸이 가렵다. 복숭아 알레르기가 생긴 것이다. 복숭아의 수호신으로부터 저주를 받은 것인지, 복숭아의 잔해가 아직도 내 몸속에 남아서 복수를 하고 있는 것인지, 심리적인 문제인지, 육체적인 문제인지 여전히 알 수 없다.

대학을 졸업하고 예전에 살던 가게에 가본 적이 있다. 가게가 아닌 가정집이어서 안을 볼 수는 없었지만 마당과 이어진 내리막 공터는 볼 수 있었다. 아까시나무와 정체를 알 수 없는 덤불로 가득한 곳이었다. 내리막 공터 건너편에는 버스 회사가 있었는데, 여러 종류의 버스들이 쉴 새 없이 드나들고 있었다. 덤불은 여전히 무성했고, 그 안은 제대로 보이지 않았다. 그 안에는 어쩌면 내가 먹고 버린 빈 콜라 병이 있을지도 몰랐다. 어쩌면 그때의 과자 봉지가 있을지도 몰랐다. 어쩌면 그때 먹고 버린 복숭아씨가 있을지도 몰랐다. 복숭아씨가 자라서 복숭아나무가 되어 있을지도 몰랐다. 거기에는 복숭아들이 모여 복숭아를 먹지 못하는 사람들을 약 올리며 달콤하게 익어가고 있을지도 몰랐다.

요즘엔 과자도 잘 먹지 않는다. '치토스'나 '썬칩' 같은 과자에 푹 빠져 지낸 적도 있었지만 어느 때부터 과자 생각이 날 때가 거의 없다. 어린 시절 질리도록 먹었기 때문일 것이다. 과자는 먹지 않아도 상관없지만 복숭아는 가끔 그리울 때가 있다. 매끈한 자두도 맛있지만, 빨갛게 잘 익은 딸기도 맛있지만, 복숭아의 맛을 채워주지는 못한다. 이럴 때면 '한 사람이 일생에서 누릴 수 있는 행복과 고통의 부피는, 모든 사람에게 동일하다'는 어처구니없는 주장도 믿게 된다. 복숭아에서 얻을 수 있는 행복은 어린 시절에 이미 다 써버린 것이다. 그렇게 생각하고 나면 마음이 편해질 때도 있다. 그렇다면 어린 시절에 누리지 못했던 종류의 행복이 날 기다리고 있을 테니까, 어린 시절에는 누리지 못했던 종류의 맛이 날 기다리고 있을 테니까.

08

바라보고, 생각하자,
그리고 쓰자

★

김중혁 글 공장 산책기

'소설가 김중혁의 입체적인 공장 산책기'의 딱 중간 지점이다. 잠깐 쉬자. 쉬는 동안 '김중혁 글 공장'의 사정 따위 궁금하지 않은 분들이 훨씬 많겠지만 한 편의 글이 어떻게 완성되는지, 어떤 기계와 장비를 사용하여 글을 제작하는지 그 과정을 자세히 소개해 보겠다.

'김중혁 글 공장'은 다섯 개의 작업장으로 이루어져 있다. 가장 중요한 작업장은 모든 재료를 1차 가공하는 '글감 분류실'이다. 매일 산더미처럼 밀려 들어오는 재료들을 사용하기 좋게 절단하고, 분류하는 일을 하는 곳이다. 가벼운 감상부터 스치듯 지나가는 생각들, 심오한 철학적 주제들(이런 재료는 아주 가끔 매입

되는 편이다), 텔레비전에서 얻은 정보, 누군가에게 주워들은 이야기 등 수많은 글감들을 매일 분류하고 절단하고 병합한다.

'글감 분류실'을 거친 소재들은 '숙성 창고'에서 짧게는 이틀, 길게는 몇 년 동안 숙성 과정을 거치게 된다. 숙성 창고에서는 온도가 매우 중요한데, 온도가 지나치게 높으면 소재가 쉽게 변질되고 반대로 너무 낮으면 딱딱하게 굳어버린다. 따뜻한 마음으로 바라보되 차가운 시선을 유지해야만 온도를 잘 유지할 수 있다. '숙성 창고'를 거친 소재들은 '소설 공장' '수필 공장' '그림 공장' 등의 생산 라인으로 이동한다.

김중혁 씨, 야근 좀 시키지 마세요

소설 공장에서는 말 그대로 소설을 생산한다. 소설 공장의 작업은 매우 섬세하게 이뤄져야 하기 때문에 작업장에 들어가기 위해서는 꽤 까다로운 보안 검사를 거쳐야 한다. 우선 외부 바이러스와 잡생각을 말끔하게 씻어내기 위해 오랜 시간 동안 인터넷 서핑, 인터넷 쇼핑, 실시간 검색 순위 보기 등 쓸데없어 보이는 일을 반복해야 하는데, 어떤 때는 생산 라인을 가동시키지도 못한 채 하루 업무를 끝내는 때도 있다. 외부와의 불필요한 접촉을 피하기 위해 전화를 받지 않거나 문자 메시지를 '씹는' 일도 종종 발생한다. 작업장은 무척 조용한 편이다.

소설 공장 작업장은 '장편' '중편' '단편' 등 세 개의 생산 라인으로 이뤄져 있고, 재료에 따라 가공하는 방법이 달라진다. '숙성 창고'에서 넘어온 이야기를 다시 세 개의 라인으로 분류 공급한다. 등장인물이 많고 장대한 이야기가 될 것 같은 재료는 장편 작업장으로, 나뭇잎을 흔드는 바람처럼 미세한 이야기들은 단편 작업장으로 이동한다. '중편' 라인은 2005년 이후에는 생산을 중단한 상태다. 언젠가 적당한 재료가 들어오면 다시 작동될 예정이다.

작업장의 크기는 작지만 가장 바쁘게 움직이는 곳이 바로 '수필 공장'이다. '메이드 인 공장'을 생산하는 곳이기도 하다. 연간 수십 개의 글을 생산할 정도로 생산량과 수익성이 높은 곳이며 '김중혁 글 공장'을 먹여 살린다고 해도 과언이 아닌 곳이다. 수필 공장은 대체로 '주문 생산' 방식으로 이뤄지는데, 주문이 들어오면 그때부터 생산 라인이 가동된다. 주문을 받은 수필 공장 자료 수집원들은 '글감 분류실'과 '숙성 창고'를 뒤져서 적당한 소재를 찾아낸 다음, 생산 라인으로 보낸다. 생산 라인에서는 자료 수집원들이 보내온 자료를 검토하고 보충 취재를 추가하여 마감에 늦지 않도록 물건을 생산하게 된다. '수필 공장'에서는 마감일, 즉 물건 납기일이 무척 중요하다. 소설의 경우는 제작이 늦어져도 이

해해주는 경우가 많지만 수필의 경우는 거래처와의 신뢰가 무너질 수도 있다. 주문자의 요구에 맞추되 생산 마감 시간을 어기지 않으며 품질도 유지하는 것, 이것이야말로 수필 공장의 핵심이다.

2012년에는 수필 공장 직원들의 파업도 있었다. 수필 공장에 지나친 업무를 맡기는 바람에 직원들이 반기를 든 것이다. 회사에 가장 큰 기여를 하는 자신들을 소홀히 한다는 게 직원들의 항의 내용이었는데, 대체로 옳은 이야기였다. 각종 연재물을 제작하고 있음에도 각종 단발성 글 상품 주문을 받는 바람에 야근이 잦았고, 제대로 된 휴가를 가지도 못했다. 그들이 보기에 소설 공장은 매일 한가해 보였다. 매일 놀고먹는 것 같은데, 전체 공장의 핵심 부서라는 걸 용인할 수 없었다. 김중혁 공장장은 2013년부터 수필 공장의 일을 줄여보기로 했다. 가장 큰 업무인 '메이드 인 공장' 생산 말고는 주문을 받지 않으려고 한다. 소설 공장의 생산량을 늘리고, 수필 공장의 생산량을 줄이는 것이 김중혁 글 공장의 주요한 과제라 할 수 있다.

그림 공장은 김중혁 글 공장의 양념 같은 작업장이라고 할 수 있다. 그림 공장에서는 각종 표지 제작, 카툰, 아이디어 낙서, 회사 홈페이지에 올릴 그림 제작 같은 업무를 맡고 있는데, 다소 삭막할 수 있는 회사의 이미지를 밝게 해주는 중요한 역할을 하고 있다.

김중혁 글 공장의 핵심은 한마디로……

김중혁 글 공장의 기계는 언뜻 보기만 해도 최신식임을 알 수 있다. (공장장이 신제품에 관심이 많다.) 아직도 원고지와 만년필을 고수하고 있는 곳도 있지만 김중혁 글 공장은 아날로그와 디지털을 적당히 혼합하여 최고의 능률을 올릴 수 있도록 했다. 우선 공장 구석구석에 (그렇게 비싸다는 노트) 몰스킨이 발에 차일 정도로 많으며, 한 번도 사용하지 않은 노트들이 적재 창고에 가득하다. 김중혁 글 공장의 1차 메모를 담당하는 샤프펜슬 역시 0.3부터 0.9까지 종류별로 구비돼 있다. 만년필도 두 종류가 구비돼 있고, 유성펜은 회사 주변에 울타리를 심어도 될 정도로 많은 양을 준비해놓고 있다. 최근에는 (공장의 주요 물건 공급처인 펜샵에서 구매한) 팔로미노 블랙윙 연필로 새로운 아이디어를 생산하고 있기도 하다.

아날로그 장비들은 다양한 회사의 제품을 사용하는 반면, 디지털 제품은 주로 '애플'사의 것으로 이뤄져 있다. 글감 분류실과 숙성 창고에서는 아이폰과 아이패드를 이용하며, 소설 공장과 수필 공장에서는 '맥북 에어'나 '맥북 프로'를 주로 사용하고, 그림 공장에서는 '아이맥'을 사용한다.

부가 장비와 소프트웨어 역시 눈여겨봐둘 만한데, 그림 공장

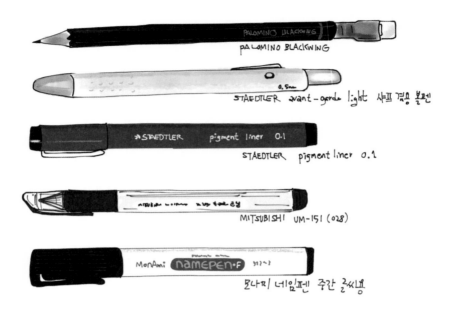

PALOMINO BLACKWING

STAEDTLER avant-garde light 샤프 겸용 볼펜

STAEDTLER pigment liner 0.1

MITSUBISHI UM-151 (028)

MonAmi namepen·F 모나미 네임펜 주간 글씨명

에서 사용하는 와콤사의 전문가용 태블릿, 글감 분류실에서 요긴
하게 사용하고 있는 '에버노트', 숙성 창고에서 주로 이용하는 아
이패드용 'pdf 노트', 'Writeroom' 같은 제품들 역시 김중혁 글
공장의 정체성을 알려주는 프로그램들이다.

김중혁 글 공장의 핵심 소프트웨어는 아무래도 '스크리브너
(Scrivener)'가 아닐까 싶다. 소설 공장과 수필 공장에서 모두 이
장비를 이용해 제품을 생산하는데, 다른 워드 프로그램을 사용
할 때보다 생산량과 작업 효율이 무척 높아진 것 같다. 스크리브

너의 장점은 체계적인 제품 관리가 가능하다는 것이다. 앞으로도 김중혁 글 공장을 기대케 하는 대목이다.

공장 본사의 한가운데에는 이 모든 작업장을 관리하는 통제실이 있다. 통제실 앞에는 생산성을 높이기 위한 표어 하나가 적혀 있다. '멍하니, 바라보자, 오랫동안, 바라보고, 끈기 있게, 바라보고, 오랫동안 생각하자, 모든 게 끝났으면 빠른 시간에 쓰자' 표어에 적힌 글이야말로 김중혁 글 공장의 핵심이 아닐까 싶다. 짧은 휴식이 끝나면 공장은 다시 쉼 없이 돌아갈 것이다.

09

아름답다,
아름다워

★

도자기 공장 산책기

도자기, 하면 두 편의 영화가 떠오른다. 언젯적 얘기냐고 핀잔 듣
기 딱 좋을 영화지만 〈사랑과 영혼〉을 피해 갈 수 없다. 데미 무
어를 뒤에서 안은 패트릭 스웨이지의 자세가 얼마나 로맨틱했는
지 모른다. 도자기 물레는 계속 돌아가는데 흙을 만지는 척 서로
를 만지고, 쫀득한 흙더미가 망가지는 걸 아랑곳하지 않고 두 사
람이 키스를 나누던 장면을 대부분 기억할 것이다. 그 장면을 본
많은 사람들이 근처 공방의 도자기 수업에 등록했다는, 그러나
영화 속 장면을 재현할 수 있으리라는 기대와 달리 자기 손만 만
지작거릴 수밖에 없는 현실을 참지 못하고 만들던 도자기를 부숴
버린 후 공방을 뛰쳐나갔다는 (믿거나 말거나 한) 후문이 들리기

도 했다.

또 하나 생각나는 영화가 임권택 감독의 〈취화선〉이다. 멀쩡해 보이는 도자기를 부수던 장승업은 결국 가마 속으로 들어가서 (말 그대로) 자신의 몸을 불태우며 도자기를 완성하는데, 그 충격적 결말을 보며 '아이 참, 저러실 것까지야 있나' 싶은 생각을 했던 기억이 난다. 도자기란 어째서 그토록 까다로운 예술 장르가 된 것일까. 어째서 조그마한 티끌의 흠도 허락하지 않게 된 것일까. 〈취화선〉에는 장승업과 화부의 이런 대화가 등장한다. 장승업이 묻는다. "자네는 어떤 그릇이 나오기를 원하는가?" 화부가 대답한다. "선생님 같은 화공들은 철사가 잘 녹아 그림이 온전히 살아 나오길 기다릴 것이고, 유약 바른 사람들은 유약이 잘 녹아내리길 바라고, 아마 주인은 한두 점 명품이 나오길 소원하겠죠. 어디 그게 도공들 마음대로 되는 일인가요? 불이 말하는 거지요."

'불이 말한다'는 저 말이 도자기를 가장 잘 설명해주는 한 문장일 것이다. 불이 말하는 것이기 때문에 그토록 까다로운 것이며, 인간이 제어할 수 없는 자연의 영역에서 비롯된 작품이어서 우연에 맡길 수밖에 없는 것이다. 도자기 공장으로 가는 기차 안에서 '우연의 예술'에 대해 생각해보았다. 도자기 공장이 어떻게 생겼을지는 한 번도 생각해보지 않았다. 상상해보려 해도 상상이 되질 않았다. 내게 도자기는 예술의 영역이었고, '로맨틱'의 영역이었으므로 그런 도자기를 '공장'에서 생산한다는 걸 상상하기 힘들었다.

도자기 공장으로 향하는 택시 안에서 기사님과 잠깐 대화를 나누게 됐다. 도자기 공장으로 간다는 말에 기사님은 역대 대통령의 밥그릇 얘기를 꺼냈다. 역대 대통령 부부의 식기 전시회를 본 적이 있는데, "이순자 여사는 화려한 걸 좋아해서 모든 그릇이 분홍색이었고, 박정희 대통령은 어찌나 군인 정신이 투철했던지 그릇도 전부 국방색을 사용했더라"는 얘기를 했다. 이런 것도 중요한 정보다 싶어서 열심히 이야기를 들었는데, 공장에 도착해보니 응접실에서 상설로 전시를 하고 있었다. "기사님, 뻥도 잘 치셔, 국방색 그릇이 어디 있습니까! 이순자 여사의 그릇도 생각보다 화려하지 않고요!" 국방색 그릇까지는 아니었지만 박정희 대통령의 반찬 그릇이 특이하긴 했다. 강낭콩처럼 생겨서 여덟 가지 반찬을 한꺼번에 담을 수 있는 그릇이었다. 그릇들은 소박했고, 간결했다. 대통령들이 사용한 도자기를 유심히 들여다보면서 내가 무언가 착각하고 있다는 걸 깨달았다. 나는 어째서 도자기라는 단어에서 '예술'만을 떠올렸던 것일까. 도자기에서 가장 중요한 단어는 '그릇'을 뜻하는 글자 '기(器)'인데 말이다.

열심히 하면 잘하게 된다

공장에 들어섰을 때의 풍경을 잊을 수 없을 것 같다. 거대한 기계가 굉음을 내며 그릇을 만들고 있었다. 로맨틱은 없었다. 누군가의 손도 필요 없었다. 기계가 원료를 자르고 회전시켜 그릇을 빚어냈다. 자동 성형기와 자동 정형기를 빠져나온 밥그릇과 국그릇은 일렬로 가지런히 컨베이어벨트를 타고 이동했다. 하얀 밥그릇 하나에 하얀 국그릇 하나가 한 조로 움직였다. 나는 그 장면이 사뭇 감동스러웠다. 컨베이어벨트 위의 밥그릇과 국그릇에 따뜻한 쌀밥과 칼칼한 고깃국이 담겨 전국으로 뻗어나가는 장면을 상상했다. 하루 일을 마치고 온 사람들이 컨베이어벨트로 모인다. 그들은 나란히 앉아 자신의 밥그릇과 국그릇에 담긴 밥과 국을 먹는다. 흉물스러운 장면이지만 내게는 경건한 장면이기도 했다. 나는 공장에서 만들어지는 수많은 그릇에 압도당했고, 그 그릇에 담기게 될 수많은 밥과 국을 상상하며 행복했고, 그릇들이 만들어낼 풍족한 저녁 식사 시간의 웃음에 흐뭇했다.

어린 시절, 밥을 먹지 못할 정도로 가난하지 않았지만 나는 이상하게 밥그릇과 국그릇을 보면 마음이 설레곤 했다. 반찬은 모두 준비가 됐고, 숟가락과 젓가락도 잘 정돈되어 있고, 이제 밥과 국만 도착하면 된다. 밥그릇과 국그릇은 어머니 옆에 포개져 있었다. 다른 일은 자식들에게 시켰지만 밥을 푸는 일과 국을 푸는 일은 어머니의 역할이었다. 어머니 옆에 포개져 있는 하얀 사기 그릇들은 곧 있을 포만의 예감인 셈이었다. 공장에 쌓여 있는 그릇들을 보면서 마음이 푸근해졌다.

공장에서 생산하는 도자기는 두 종류인데, 하나는 '파인차이나'이고 또 하나는 '본차이나'이다. 두 제품의 생산 방식은 완전히 다르다. 그릇을 좋아하는 사람들은 이미 다 알고 있는 정보겠지만 (저는 이번에 처음 알았습니다) '본차이나'는 젖소의 뼈를 태워서 생긴 재, 즉 '본 애시(Bone Ash)'를 50퍼센트 이상 함유한 제품으로 일반 도자기에 비해 강도가 높고 가벼운 게 특징이다. '파인차이나'는 젖소 뼈가 들어가 있지만 본차이나보다 가격이 조금 저렴한 제품이다. '본차이나'라는 단어를 들을 때마다 도대체 일반 도자기와 '뭔 차인가' 싶었는데 이제야 궁금증이 풀렸다. 일반 도자기보다 훨씬 가볍고 투명하며 단단한 게 뼈 때문이었다. '태어날 때부터 차이나'는 제품인 셈이다. (아, 이런 개그 죄송합니다.)

그릇을 만드는 성형 과정은 (기계로 만드는) 자동 성형과 (기계로 생산하기 어려운 주전자 등을 석고 형틀로 만드는) 주입 성형으로 나눌 수 있는데, 공정도 다양하고 공간도 세분화되어 있어서 이곳저곳을 둘러보는 재미가 쏠쏠했다. 꽈배기를 굽듯 주전자의 손잡이 부분만 성형하는 작업장도 있었고, 도자기에 인쇄될 전사지를 붙이는 곳도 있었고, 찻잔에다 직접 그림을 그리는 작업장도 있었고, 고급 제품을 위해 보석을 일일이 붙이는 작업장도 있었다. 밥그릇이나 국그릇뿐 아니라 간단한 접시와 찻잔부터 보석을 박은 고급 도자기까지 공장 곳곳에 흩어져 다양한 그릇들을 만들어내고 있었다.

가장 재미있어 보이는 작업장은 전사지를 붙이고 찻잔에다 그림을 그리는 곳이었다. 재미있어 보이지만 절대 간단한 작업이

아니었다. 작업장으로 걸어가다가 거기에 적힌 표어를 보게 됐는데, 묘하게 마음을 울리는 내용이었다.

어린 시절부터 문학에 재능이 많았을 것이라는 많은 사람들의 예상과는 달리 (하하하, 이런 예상 다들 하셨죠?) 나는 글짓기 대회에서 상을 받아본 적이 거의 없었다. 글쓰기에 재능이 있다는 말은 가뭄에 콩 나듯, 다른 칭찬거리를 아무것도 찾지 못한 어른들이 아이의 기를 살리기 위해 해주는 칭찬 정도로밖에는 들어보지 못했다. 대신, 다른 곳에 관심과 재능이 있었다. 바로 '표어와 포스터'였다.

표어와 포스터라면 치가 떨리는 사람들이 많을 것이다. 불조심, 반공, 한글날 등등 다양한 주제를 던져주고 며칠 내로 주제에 걸맞은 글과 그림을 완성해 오라는, 말도 안 되는 숙제를 내주던 선생님들의 무책임한 표정을 다들 기억하고 있을 것이다.

나는 그 숙제가 좋았다. 집으로 돌아가는 길에 벌써 표어의 문구를 생각하곤 했다. 위에 여덟 자 쓰고, 아래에 여덟 자 쓰고, 가운데를 그림으로 채우는 형식도 좋았다. 지금도 포스터를 그리던 내가 선명하게 떠오른다. 친구들은 글자를 적을 공간에 자를 대고 선을 그었지만 나는 자 같은 건 사용하지 않았다. 집중하고 선을 그으면 직선이 되었다. 표어의 문구를 이리저리 다듬으면서 그림을 그리는 시간을 무척 좋아했다. 포스터 숙제로 상을 받기도 했고, 나중엔 (완성도에는 별 관심 없고 빨리 숙제를 끝내려는) 친구들의 포스터 밑그림에 선을 그어주기도 했다. 좋아하면 열심히 하게 되고, 열심히 하면 잘하게 된다는 걸 그때 처음 알았다.

나는 포스터를 그리는 시간의 '예술'과 '기술'이 합일되는 순간을 좋아했던 것 같다. 표어를 생각하고, 선을 그어 글씨가 들어갈 자리를 만들고, 글씨를 새겨 넣고, 밑그림을 그리고, '포스터칼라' 물감으로 색을 채우는 일은 영감과 기교와 끈기와 감각이 함께 곁들여져야 가능한 일이었다. 나는 그런 걸 즐거워하는 아이였다. 도자기 공장을 견학하다가 본 표어 하나가 어린 시절의 나를 곧바로 소환해냈다.

도자기 공장에 쓰여진 표어는 이런 내용이었다. '전사, 화공 능률 10% 향상으로 회사 발전, 나의 행복'. 표어 전문가의 눈으로 평가해보건대 운이 좀 맞지 않는다. 표어란 하이쿠처럼 압축되어 딱 맞아떨어지는 맛이 있어야 하는데, 이건 좀 늘어진다. '전사, 화공력 십퍼 향상, 회사 발전 나의 행복'쯤으로 줄여보는 게 어떨까. (농담입니다. 저 때문에 고치지 마세요!)

도자기의 시간, 시간의 도자기

전사와 화공에 대한 설명을 좀 곁들여야겠다. 전사란 도자기에다 그림을 입히는 작업이다. 전사지 공장에서 전문가에게 물어봤다. "저, 전사지란 게 판박이랑 비슷한 겁니까?" "하하, 네, 뭐, 비슷하다고 할 수 있죠"라며 구체적인 설명을 해주셨지만 이하 생략, 아무튼 도자기에다 전사지를 붙인 다음 그걸 태워서 표면에 그림을 새기는 작업이다. 정확한 위치에다 전사지를 붙여야 하기 때문에 신입 사원들은 하기 힘들고, 숙련공들이 맡아서 하는 일이다. 화공 작업이란 전사지를 이용하지 않고 화공들이 도자기에 직접 그림과 무늬를 그려 넣는 것이다. 파인차이나에는 전사지 작업이 많지만 본차이나와 고가의 도자기에는 화공 작업의 비율이 훨씬 높아진다. '전사, 화공 능률 10% 향상'이란 표어는 말 그대로 작업에 집중하고, 실수를 줄이자는 의미일 것이다. 저 말을 실천하기가 얼마나 힘든 일일지, 10퍼센트라는 수치의 정확함이 작업자에게는 얼마나 불투명한 목표일지 상상하기 힘들지만 회사도 발전하고 화공도 행복하길 진심으로 바랐다.

전사지를 붙이는 직원들의 집중력도 놀랍지만 도자기의 미세한 부위에다 선을 긋고, 물레 위를 도는 찻잔에 붓을 대고 절대 움직이지 않는 화공들의 집중력은 감탄스러웠다. 도대체 저기에서 10퍼센트를 더 향상한다는 게 말이 되나 싶었다. 화공들은 자신들을 예술가라고 생각하지 않겠지만 (물어보지 못했다) 자신의 작업에 자부심이 있을 것이다. 내가 포스터를 그리며 느꼈던 희

열, 직선을 그을 때의 뿌듯함이 그들에게도 있지 않을까 싶었다. 그런 게 없다면 그 일을 계속할 수 없지 않을까. 커피 잔에 정확하게 붓칠한 선을 볼 때면, 찻잔 속에 그려진 그림을 보고 '참 아름답다'라고 생각하는 순간이 올 때면 나는 화공들을 떠올리게 될 것 같다.

어쩌면 거대한 도자기 공장이 한 장의 아름다운 포스터가 아닐까 하는 생각도 들었다. 포스터 속에 표어와 그림이 함께 들어 있듯 도자기 공장 속에 예술과 기술이 공존하고 있었다. 기계가 만든 그릇에다 사람이 색을 입히는 곳, 틀에다 넣어 만든 주전자에 사람이 빚어 만든 손잡이를 붙이는 곳, 바람에 말리고 불로 달구어 강하게 만든 그릇에다 아름다운 그림을 입히는 곳, 사람과 기계와 자연이 하나가 되어 아름다운 실용을 창조하는 곳이 도자기 공장이었다. 이런 표현들이 과하다고 느낄지도 모르겠지만 도자기 공장에는 여느 공장과 다른, 느슨한 분위기가 있다.

그릇을 성형해서 완성된 제품으로 나오기까지 보통 일주일이 걸린다. 공장에서는 그 과정을 고스란히 볼 수 있다. 자동 성형기와 정형기에서 나온 그릇들은 컨베이어벨트를 거친 후 차곡차곡 쌓여 여섯 시간 동안의 자연 건조 과정을 거친다. 그릇들은 천천히, 아주 천천히 움직인다. 운반대에 담긴 그릇들은 움직이지 않는 것처럼 움직이며 조금씩 건조된다. 그게 도자기의 시간이다.

건조가 끝난 그릇들은 1250~1300도의 가마에서 초벌구이를 거친다. 유약을 바른 후 다시 1250도로 재벌구이를 한다. 가마 안을 볼 수는 없지만 그 속에서 도자기는 강해진다. 그것도 도자기의 시간이다. 전사지를 붙인 다음 그림을 태우고, 화공들이 그림을 그려 넣는 것도 도자기의 시간이다. 그런 시간들이 공장 안을 천천히 배회하고 있다. 기계가 움직이고 무언가 계속 만들어지고 있지만 알 수 없는 여유 같은 게 있었다. 도자기 공장에서만 느낄 수 있는 시간이었다.

공장 뒤뜰에 가면 불량품 도자기들이 깨진 채로 쌓여 있는 곳이 있다. 이를테면 도예가들이 '에잇, 이건 아니야' 하고 망치로 깨버린 그릇들이 거기 모인 셈이다. 불량품들이 모인 곳이라곤 하지만 풍경은 장관이다. 하얗게 반짝이는 도자기 조각들을 멀리서 보면 아름답기까지 하다. 불량품들은 불에 들어갔다 나온 것들이다. 초벌구이 이전까지의 불량품들은 재생이 가능하지만 일단 불에 들어가고 나면 돌이킬 수 없다. 시간을 견디고 형태가 굳어진 후의 불량품들은 버려질 수밖에 없다. 불량품들은 가루로 분쇄한 후 매립한다. 한때 젖소 뼈의 가루였던 도자기들은 다시 가루가 되어 땅에 묻힌다. 나는 그곳을 '시간의 무덤'이라 부르고 싶었다. 어쩌면 내 마음에도 저런 무덤이 있을 것이다. 놓친 시간들, 잘못 보낸 시간들이 부서진 채 반짝이고 있을 것이다. 공장에 들어가기 전에 생각했던 도자기와 들어갔다 온 후에 생각하는 도자기는, 완전히 다른 물질이었다.

글로벌 작가

글로 벌어 먹고살고 싶습니다.
다짐을 티셔츠에 담아봅니다.
글 쓰시는 분들, 공동 구매 합시다.

3색 볼펜

어릴 때 좋아했던 3색 볼펜을
열심히 쓰고 있다.
예전엔 검은색 – 빨간색 – 파란색
지금은 샤프펜슬 – 검은색 – 빨간색.
얼마나 편한지 모른다.
하지만 당연하게도 한 번에 하나씩이다.
3색이지만 세 개를
한꺼번에 사용할 수는 없다.
인간의 재능도 그런 것일지 모른다는
생각이 들었다.

보온병

보온병을 닮고 싶었다.
냉정해야 할 때는
흔들림 없이 냉정하게
뜨거워야 할 때는
오랫동안 뜨겁게.
보온병은 어떻게 알고
그러는 걸까.

10

과거, 현재, 미래의 음악

★

엘피 공장 산책기

인간의 시간은 세 종류로 나눌 수 있다. (뭔가 대단한 구분이 나올 거라 기대하겠지만, 김빠지게) 과거, 현재, 미래다. 그러고 보면 삶은 참 간단하다. 과거를 지나온 우리는 현재에서 살다가 곧 다가올 미래를 살아가면 된다. 참, 쉽다. 걱정할 게 뭐 있어, 간단하네. 막상 살아보면 그게 간단치가 않다. 시간은 뒤죽박죽이다. 현재를 살고 있는데 불쑥 과거의 어떤 일이 우리 앞길을 가로막고 괴롭히는가 하면, 미래의 어떤 일들 때문에 현재를 마음껏 누릴 수 없게 되기도 한다. 어떤 사람은 과거의 시간 속에서만 살아가는 병에 걸리기도 하고, 또 어떤 사람은 자신이 미래에서 온 사람이라는 착각 속에 살아가기도 한다. 과거의 일에 괘념치 않고, 현재에 불안하지 않으며, 다가올 미래에 대해 염려치 않는다는 게 얼마나 힘든 일인지 우리 모두 안다.

사람의 성향 역시 세 가지 시간과 연결돼 있다. 좋았던 시절을 추억하면서 그 시절이 계속 반복되길 바라는 사람이 있고, 오로지 현재의 감각에 집중하는 사람이 있는가 하면, 자신의 모든 에너지를 다가올 미래를 준비하는 데 쏟는 사람도 있다. 어떤 게 좋고, 어떤 게 나쁘다고 말할 수 없다. 그건 시간에 대한 각자의 태도이고, 삶을 살아나가는 각자의 방식이다. 아마도 가장 안정적으로 보이는 사람은 과거, 현재, 미래의 시간을 적절하게 이용하는 사람이 아닐까. 과거를 참고하면서 현재에 충실하되 미래를 적당히 준비하는 사람.

내 경우엔 도무지 균형이 맞질 않는다. 과거는 쉽게 잊으며, 미래는 (어차피 예측하기 힘드니) 거들떠보지 않고, 주로 현재에만 집중하는 편이다. 경험을 발판 삼아 소설을 쓰고 오래전 기억들을 되살려 에세이라도 써야 하니 그나마 이 정도라도 기억하지, 다른 일을 했더라면 아마 모든 걸 까마득하게 잊고 살았을지도 모른다. 뭔가 새로운 걸 받아들이는 과정 역시 마찬가지다. 새로운 걸 쉽게 이해하지만 일단 조금이라도 과거의 것이 되고 나면 금방 잊어버린다. 사람, 참 간사하다. 집에 쌓여 있는 엘피 레코드를 볼 때마다 이런 복잡한 심정이 자주 반복되곤 했다. 그런

데, 이런, 엘피 공장에 가게 됐다.

음악을 무시하지 않는 방법

시간의 복잡한 흐름을 엘피 레코드보다 더 잘 보여줄 수 있는 물
건은 없을 것 같다. 엘피 레코드는 잊지 못할 추억이고 좋았던 시
절의 증거품이지만 지나치게 부피가 큰 과거의 물건이기도 하다.
공간의 효율을 위해 엘피보다 훨씬 작은 시디가 등장했고, 이제
는 시디마저 크다고 느꼈는지 눈에도 잘 보이지 않는 파일의 형
태로 음악을 만들어내고 있다. 이러다 언젠가는 텔레파시로 음악
을 듣게 되는 순간이 올지도 모르겠다. (음, 텔레파시로 듣는 음악
이 궁금하긴 하다. 전 고음질 텔레파시로 쏴주세요!)

엘피에서 파일로 넘어온 지금, 편해진 건 확실하다. '엘피판'
이 뭔지 잘 모르는 분들을 위해 (의외로 이런 분들이 많다고 한다)
잠깐 설명. 예전엔 엘피를 들으려면 경건한 의식을 치러야 했다.
자리에서 일어나 재킷에서 '판'을 빼낸 다음 클리너로 '판'의 표
면을 닦아주고, 턴테이블 뚜껑 열고, '판'을 살포시 얹은 다음, 카
트리지를 조심스럽게 걸고 다시 제자리로 돌아온다. 이제, 음악
감상. A면을 다 듣고 나면 다시 턴테이블로 가서 '판'을 뒤집어 B
면이 위로 오게 만들어야 한다. 귀찮다. 솔직히 예전에도 귀찮았

고, 지금 생각해보면 얼마나 귀찮았을까 싶다. 지금은 간단하다.
시디도 간단하지만 파일은 더 간단하다. 다운로드 누르면 몇 초
만에 내 귀로 음악이 배달된다.

　엘피 공장으로 가기 전, 가장 큰 걱정은 '엘피는 추억이며, 엘
피는 향수다'라는 하나 마나 한 얘기를 하게 될까 봐, 집에 있는
엘피의 무게를 이기지도 못하는 내가 '엘피야말로 음악을 듣는
가장 훌륭한 방법'이라는 거짓 깨달음을 전파할까 봐, 였다. 물론
엘피로만 느낄 수 있는 감흥이 있다. 이제 와서 우리가 엘피의 단
점이라고 말하는 것들이 실은 엘피만의 감흥이었다. 엘피는 무척

크다. 이제는 부피가 너무 커서 보관하기 힘들다고 말하지만 무척 컸기 때문에 재킷을 감상하는 재미가 있었다. A면을 다 듣고 나서 B면을 들으려면 뒤집어야 했다. 그 때문에 음악에 집중할 수 있었다. 엘피에는 고유한 잡음이 있다. 시디에서 들리는 음악 소리가 훨씬 더 깨끗하다고 생각하지만, 엘피에는 엘피만의 고유한 소리가 있었다. 시간은 장점을 단점으로 바꾼다. 혹은, 장점이었던 것을 단점인 것처럼 보이게 만든다.

엘피는 반시대적이다. 일단 그것부터 인정해야 한다. 너무 크고, 너무 번거롭다. 음질도 깨끗하지 못하고, 관리하기도 쉽지 않으며, 무엇보다 공간의 제약이 크다. 그 사실을 인정하지 않고 '아날로그 최고!'라고 외치기만 하는 건 공허하다. 휴대전화나 휴대용 플레이어로 음악을 듣는 사람에게 '음악을 무시하는 일'이라고 손가락질하는 것 역시 '음악을 무시하는 일'이다. 엘피가 살아남아야 할 가치가 있는 미디어라면, 공장을 가동시켜 계속 만들어야 할 제품이라면, 우선 고민해야 할 것이 있다. 지금, 엘피로 정확히 무엇을 할 수 있는가. 엘피 공장에 가서 그걸 묻고 싶었다.

'엘피팩토리'의 이길용 대표는 (이번엔 공장 이름, 대표 이름을 밝히겠다. 엘피 공장은 국내에 하나밖에 없으니까) 역시 호락호락한 사람이 아니었다. '복고의 유행'에 편승해 '판'이나 팔아먹으려는 현실적인 사람이 아니었으며, 오래전 음악을 복원해내겠다는 일념으로 과거의 좋았던 시절을 무작정 회고하는 사람 역시 아니었으며, 앞으로 엘피의 시대가 반드시 돌아오리라는, 대책 없는 희망으로 사는 사람도 아니었다. 그 세 가지 시간 감각을 가지고 있으면서 세 가지 시간으로부터 독립적인 사람이기도 했다. '엘피 팩토리'에는 과거와 현재와 미래가 보기 좋게 믹스돼 있었다.

옛것을 익히어 음악을 알게 된다

엘피 공장을 찾아갔을 때 그곳에선 마침 두 장의 음반 작업을 하고 있었다. ('레코드페어' 행사 때문에 만들고 있던 음반들을 제외하면 그렇다.) 한 장은 결과물이 막 나온 상태였고, 한 장은 밤새 공장을 가동시키며 찍어내고 있는 상태였다. 한 장은 한국 음악의 위대한 과거라고 부를 수 있는 가수의 음반이었고, 또 한 장은 한국 음악의 현재이자 미래라고 부를 수 있을 아이돌의 음반이었다. 한 장은 음악이 무척 중요한, 그래서 미국과 독일에서 마스터링하고 원판을 깎아 온 엘피였고, 또 한 장은 이길용 대표와 음반 회사가 오랫동안 공을 들여 만들어낸, 아이돌의 얼굴이 엘피에 인쇄돼 나오는 '픽처디스크'였다. 두 장의 엘피를 만드는 과정에 대해 말하면서 이길용 대표는 커다란 꿈에 대해 이야기했다.

미래란 아직 오지 않은 시간이어서, 근거 없는 낙관으로 가득 채울 수도 있고, 보이는 곳 전체를 잿빛 비관으로 도배할 수도 있다. 미래를 낙관하는 사람은 현재를 넘어설 수 있고, 미래를 비관하는 사람은 현재를 더욱 꼼꼼하게 채워간다. 미래란 현재의 동력인 셈이다. 하지만 우리는 안다. 미래란 현재에서 이어지는 시간이지만, 반드시 현재의 결과인 것은 아니다. 때로는 현재에서 준비한 것들이 미래에서 아무런 소용이 없을 수 있다는 걸 안다.

엘피팩토리의 이길용 대표는 2011년 9월 공장 설립 후 2013년 4월까지 4500장의 엘피를 생산했고, 그로 인해 벌어들인 수익은, 놀라지 마시라 자그마치, 200만 원이다. 우와! 입이 떡 벌어질 정도로 적은 금액이다. 공장의 초기 설비에 들어간 비용이 6억 정도이고, 경상비와 투자 비용을 제외해야 하니, 밑 빠진 독에 물 붓기가 아닌가 의심스러울 정도로 수익이 없는 셈이다. 그런데도 꿋꿋하게 엘피를 찍어낸다. 앞으로도 긴 시간이 필요할 것이라면서, 한 걸음씩 뚜벅뚜벅 걸어가고 있다. 도대체 그는 어떤 꿈을 꾸고 있는 것일까. 어떤 미래를 바라보길래 현재를 이토록 꼼꼼하게 채워나가고 있는 것일까.

이길용 대표가 엘피 공장을 시작하게 된 데에는 지극히 현실적인 계산도 있었다. 일본에서 정식 유통되고 있는 엘피는 모두 30만 장이지만 일본의 연간 엘피 생산량은 20만 장이다. 10만 장은 미국이나 유럽의 공장을 이용해서 생산하는 것이다. 이길용 대표는 그 10만 장에 주목했다. 한국의 공장에서 만든다고 미국이나 유럽에 비해 단가가 싼 것은 아니지만 시간과 운송료를 줄일 수 있다는 장점이 있다. 일본의 음반 회사가 미국이나 유럽의 공장에다 주문을 하면 대략 45일 정도가 걸린다. 한국의 공장에서 만들면 25일 정도밖에 걸리지 않는다. 승산이 있어 보인다.

공장 문을 연 2011년 9월부터 2013년 4월까지 4500장의 엘피를 찍었다고 하지만 공장의 규모에 비하면 턱없이 적은 숫자다. 문의를 하는 사람은 많았지만 실제 제작까지 이른 경우는 별로 없었다. 기계를 돌리지 못하고 노는 날이 더 많았다. 놀았던 시간에 대해 이길용 대표는 이렇게 말했다.

'공장 문을 열었는데 일도 없고 돈도 못 벌면 어떻게 되는지 아세요? 기술력이 일취월장합니다.'

이런 초긍정주의자 같으니라고! 하긴, 그럴 법도 하다. 인간의 모든 기술은 잉여 노동력으로 발전한 것이고, 할 일이 없어서 새로운 발명을 하게 된 경우도 많으니까 말이다.

(앞에서 말한) 두 장의 음반 작업을 하면서 기술력이 일취월장하기도 했다. 한국 음악의 위대한 과거와 현재와 미래를 상징한다고 할 수 있는 조용필과 지드래곤의 엘피 작업이었다. 두 뮤지션의 엘피는 정반대의 작업이라 할 수 있다. 조용필의 19집 〈Hello〉

엘피는 헤비웨이트(Heavy Weight)로 제작됐다. 일반적인 엘피의 무게가 120그램 정도인데 비해 헤비웨이트 엘피는 180그램이 넘는다. 무겁기 때문에 재료가 많이 들어가고 제작 단가도 높아질 수밖에 없지만, 판이 휠 확률도 적고 안정성이 높아진다. 오랫동안 보관하기에도 좋다. 음악을 우선으로 생각하고, 오랫동안 남을 엘피를 제작하려는 이길용 대표의 마음이 담긴 엘피다.

반면에 지드래곤의 엘피는 '픽처디스크', 즉 그림이 인쇄된 엘피다. 하얀색 엘피에 지드래곤의 모습이 선명하게 새겨진 '픽처디스크'는, 우선 보기에 무척 아름답다. 턴테이블에 얹는 대신 벽에 걸어두고 싶은 마음이 들 정도다. 일반적인 픽처디스크와 다른, 새로운 걸 만들기 위해 50여 가지의 패턴을 실험했고, 그중에서 20여 가지를 지드래곤의 소속사인 YG엔터테인먼트에 제안했다. YG엔터테인먼트는 이길용 대표의 아이디어를 전폭적으로 지지해주었다. 테스트하고 실험하는 동안 비용은 많이 들었지만, 과정 속에서 얻은 노하우야말로 엘피팩토리의 큰 자산인 셈이다.

지드래곤의 엘피는 이길용 대표가 바라보고 있는 미래의 모습이기도 하다. 누가 엘피를 살 것인가. 누구에게 엘피를 팔 것인가. 이길용 대표는 해외로 뻗어나가는 아이돌에게서 답을 찾았다. 아이돌의 해외 공연 수익 중 가장 큰 비중을 차지하는 것은 기념품 사업이다. 기념품 사업 중 가장 큰 걸림돌이 '불법 복제'

인데, 엘피는 불법 복제의 가능성이 매우 적다. 일본에서 공연한 후 북경으로 가면 똑같은 기념품을 3분의 1의 가격으로 팔고 있지만, 엘피는 그게 불가능하다. 불법으로 복제할 수는 있어도 제대로 된 음악이 나오게 할 수는 없다. 우리가 흔히 '백판'이라고 불렀던 불법 엘피처럼 만들 수는 있을 것이다. 하지만 매끈하게 잘생긴 아이돌에 열광하는 팬들이 울퉁불퉁한 '백판'을 살 일은 없지 않을까 싶다.

다른 상품과는 달리 엘피는 모으는 맛이 있다. 포스터는 금방 지루해지고, 시디는 너무 작고, 팬시 상품들은 아무래도 품격이 떨어진다. 지드래곤의 엘피는 이미 해외 공연에서 폭발적인 반응을 보이고 있다.

외국의 유명 아티스트들은 대개 자신의 엘피 한 장 정도는 가지고 있다. 몇 달 동안, 때로는 몇 년 동안 작업한 자신의 노래를 엘피라는 '물질'에다 담아보고 싶은 것이다. 너무 빨리 소비되고, 너무 빨리 잊히는 음악에 대한 안타까움이 엘피를 제작하게 된 이유일 것이다. 엘피로 음악을 듣기 위해서는 조금 귀찮고 거추장스럽지만, 누군가 몇 달 동안 만들어낸 음악과 정면으로 마주하려면 그 정도 번거로움은 감내해야 하지 않은가, 라는 질문이 엘피 속에 들어 있는 셈이다.

엘피팩토리에 가장 잘 어울리는 문구를 하나만 고르라면, 아

마 '온고이지신'이 아닐까 싶다. '옛것을 익히어 새것을 알게 되는 것', 사라져가는 엘피의 공정을 익히어 그걸 새것으로 탈바꿈시키는 것, 엘피라는 물건의 장점을 새로운 거푸집에 옮겨 담는 것, 그 작업을 지금 엘피팩토리가 하고 있는 셈이다.

　시작할 땐 당연히 어려움이 많았다. 마지막 엘피 공장이 문을 닫은 것이 2004년이었고, 현재 음반사의 이사나 상무도 엘피를 만들어본 경험이 거의 없는 사람들이다. 공장에서 일을 했던 사람들이 있지만 기계 시스템이 전혀 다르다 보니 큰 도움이 되지는 않았다.

"예전엔 그런 말이 있었대요. 엔지니어가 전날 술을 많이 마시면, 판이 얇아진다. 대부분 수동 프레싱이었는데, 술을 많이 먹은 날엔 누르는 압력이 달라진다는 거죠. 저희 기계는 최신식입니다. 최신식이라고 해도, 1978년산 모델이지만요."

호떡과 비슷한 엘피 만들기

이길용 대표는 옛 지식 위에다 새로운 실험을 계속했다. PVC 컴파운드라는 부품을 찾기 위해 동분서주하고, PVC 배합을 다르게 해보기도 하고, 최적의 라벨 종이를 찾기 위해 수많은 테스트를 했다. '온고이지신'하기 위해 '맨땅에 헤딩'하고 있는 셈이다.

이길용 대표는 엘피에 대한 견해 차 때문에 답답한 경우가 많다. 많은 음악 전문가들은 엘피의 고결함을 말하지만, 이길용 대표는 엘피가 좀 더 대중화되고 좀 더 쉽게 들을 수 있는 미디어가 되길 바란다. '엘피는 역시 진공관으로 들어야 제맛'이라거나 '싸구려 오디오로는 엘피의 진면목을 느낄 수 없다'는 말들이 엘피의 생명력을 약화시키고 있다고 생각한다. 더 가까운 곳에서 더 간단하게 엘피를 들을 수는 없을까. 이길용 대표가 꿈꾸는 또 다른 미래가 하나 더 있다.

엘피를 제작하다 보니 이길용 대표가 많이 듣게 되는 질문이 있다. 자주 듣는 '베스트 3 질문'은, "미쳤어요?" (안 미쳤어요!) "돈이 돼요?" (지금은 안 돼요!) "턴테이블은 어디 가서 사요?" 자, 지금부터 알려줄게요. 이길용 대표는 비싼 턴테이블과 오디오를 살 필요가 없다고 한다. 집집마다 한 대씩 있던, 우리가 흔히 전축이라고 불렀던 바로 그 오디오들을 황학동에 가면 싸게 살 수 있다고 한다. 그런 오디오들로 제대로 된 소리가 나겠냐고, 엘피를 들으려면 좀 더 고급한 기기들이 있어야 하지 않냐고 생각하지만 절대 그렇지 않다고 한다. 이길용 대표는 머지않아 턴테이블 수입 사업도 병행할 계획이다. 성능 좋은 턴테이블을 싼 가격에 팔고 싶어 한다.

"젊은 친구들이 엘피를 사 모으게 된 계기가 웃겨요. 좋아하는 뮤지션의 물건들을 컬렉션하다 황학동을 뒤져서 엘피를 샀어요. 그런데 거기 가보니 좋은 엘피가 많은 거예요. 오아시스도 있고, 메탈리카도 있고, 부시도 있고……, 그래서 한 장씩 사 모으는 거죠. 엘피는 여러 장 있는데 정작 턴테이블이 없는 친구들도 많더라고요. 지금 홍대에서 음악을 하는 뮤지션 중에도 엘피를 처음 본다는 친구들이 많아요. 제가 엘피를 들여다보다가 흠, 세 번째 곡을 들을까 하고 카트리지를 올려놓는데 깜짝 놀라더라고요. 그 위치를 어떻게 아냐고요. 중요한 경험 하나가 사라진 거죠."

엘피의 표면을 들여다보면서 거기 어떤 음악이 들어 있을지 상상하는 것만으로도 가슴 뛰었던 사람으로서, 회전하는 엘피 위에 카트리지를 올려놓는 순간의 숭고함을 아는 사람으로서, 엘피의 경험이 사라진다는 건 안타까운 일이긴 하다.

공장에서 엘피가 만들어지는 과정을 보면서도 마찬가지 심정이었다. 철컥, 하는 소리와 함께 한 장의 엘피가 생산되는 순간, 뜨거운 열기와 기계 속에서 음악이 탄생하는 게 기적처럼 보이기도 했다.

엘피는 '스탬퍼'를 만드는 '메탈 작업'과 소리 골을 찍어내는 '프레스 작업'으로 나눌 수 있다. 예전 레코드 회사들은 메탈 작업과 프레스 작업을 분리했지만 엘피팩토리는 두 가지 작업을 한 공장에서 한다. 어디 맡길 데도 마땅치 않아서 모든 장비들을 외국에서 수입해 왔다. 마스터 음판을 니켈 원판에 찍어 '스탬퍼'로 만드는 것이 '메탈 작업'의 핵심이며 이 스탬퍼를 '마더(Mother)'라고도 부른다. 한 장의 마더로 수많은 자식 같은 엘피들을 찍어내는 것이다. 보통 한 장의 마더로 1000장 정도의 '자식'을 생산해내지만 엘피팩토리에서는 500회마다 새것으로 교체하기도 한다.

"메탈 작업 하는 기계가 '전자동 머신'이라고 해서 샀는데, 개뿔, 하나하나 다 수공으로 해야 해요. 하긴 예전에는 용액을 담은

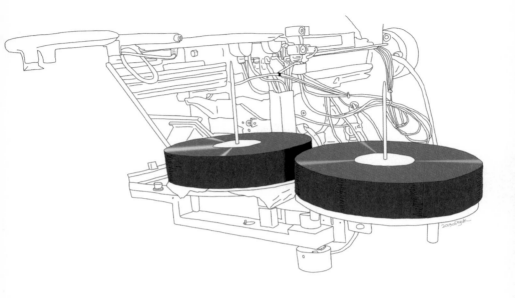

다음 에어건으로 한 장 한 장 도금을 했다고 하니 많이 자동화된 거죠. 금형 작업 할 때도 많은 시행착오를 거쳤어요. 그 친구들이 기술 이전해준 대로 똑같이 했는데 계속 스탬퍼에 얼룩이 생기는 거예요. 아는 화학 교수님이랑 하나씩 성분 분석을 다 해서 겨우 찾아냈죠. 매뉴얼에는 '증류수로 세척한다'로만 되어 있는데 우리나라 증류수에는 철분이 많이 들어 있어서 문제가 됐던 거죠."

　　메탈 작업이 끝난 후의 프레스 작업은, 어찌 보면 호떡을 만드는 과정과 유사하다. 일명 '햄버거'라 불리는 말랑말랑한 재료를 틀에다 넣고 위아래 170도의 열로 찍어낸다. 말랑말랑하고 두툼한 햄버거가 넓고 얇게 펴진다. 과정을 들여다보면 전혀 음악적이지 않지만 170도의 뜨거운 온도 사이, 수많은 골짜기에서 음표가 만들어지고 있는 것이다.

우리가 한때 진심으로 사랑했던 음악

엘피를 찍을 생각을 하는 사람은 많지만 찍어내는 사람은 많지 않다. 간단한 일이 아니다. 녹음된 음원의 마스터링도 새로 해야 하고, 제작비도 만만치 않다. 재킷까지 만들었을 때 장당 제작비가 1만 3000원에 이른다. 물론 생산량이 많아지면 단가는 낮아지지만 엘피를 사는 사람은 많지 않다. 투자 대비 거둬들일 수 있는 수익이 적다. 유명한 뮤지션들의 경우, 음원의 소유가 여기저기 흩어져 있는 점도 걸림돌이다.

그렇다고 해서 전망이 완전히 어두운 것도 아니다. 이길용 대표는 홍대 인디 뮤지션들의 엘피를 제작하고 있으며 앞으로도 새로운 뮤지션들의 엘피를 제작하고 싶어 한다. 자신이 제작비를 대더라도 새로운 음악을, 너무 빨리 달려나가는 바람에 잊게 된 소리들을 엘피에 담고 싶어 한다.

"제 돈을 투자하지는 못했지만 얼마 전에 만든 김광석 한정판은 상업적으로도 성공했어요. 음악만 좋으면 제가 투자할 겁니다. 제작비 빼고, 수익을 나눠 가질 수 있는 거죠. 홍대 인디 뮤지션들의 경우는 돈을 벌려고 하는 게 아니라 소리를 나눠주고 싶어요. 뮤지션들에게 멋진 엘피를 선물하고 싶고, 팬들에게는 새로운 소리를 선물하고 싶어요. 아이돌의 엘피를 제작하기도 하고, 홍대 뮤지션들의 엘피도 제작하고, 최대한 많은 사람들에게 엘피의 소리를 들려주고 싶습니다."

　기술은 대부분 진보하지만, 어떤 기술은 그 자리에 멈춰 서 있다. 아무도 그 기술을 거들떠보지 않기 때문이다. 기술은 필요에 의해 개발되고, 필요에 의해 채택되며, 필요에 의해 발전한다. 그 필요의 의미는 다양하다. 어떤 필요는 몇몇 사람의 경제적 부유함일 수도 있고, 또 어떤 필요는 강력한 파괴의 힘일 수도 있다. 스탬퍼를 다듬는 기계는 1950년대에 만들어진 것이고, 엘피를 찍어내는 프레스 기계는 1978년에 만들어진 것이다. 이제는 아무도 엘피의 기술을 발전시키려 하지 않는다. 버려진 기술이며 채택되지 못한 기술이며 사라질지도 모르는 기술이다. 엘피의 음원을 압축하고, 쓸데없는 소리를 제거하면 더 쉽게, 더 빨리, 더 많은 양의 음악을 생산할 수 있다. '생산'이라는 단순한 잣대로 보더라도 엘피는 (시디나 엠피스리 같은) 다른 미디어와의 게임에서 도저히 승산이 없다.

　엘피팩토리의 1978년산 프레스 기계에서 한 장 한 장 찍혀 나오는 엘피들을 보고 있자니, 이야기 속의 재미있는 캐릭터를 보는 것 같았다. 쇠망치 같은 원시적인 무기 하나만 들고 돈키호테처럼 적들을 향해 달려드는, 질 걸 뻔히 알지만 승부 따위 상관하지 않겠다고 작심한 듯, 씨익 웃으며 달려드는 거인을 보는 것 같다. 매력적인 캐릭터다. 거인은 싸움에서 이길까. 이길 수 있을까. 패할 확률이 높은 걸 알기에 우리는 거인을 응원하게 된다. 무모하기에 흥미롭고, 합리적이지 않기에 사랑스럽다.

엘피가 갑자기 많이 팔려서 시디나 음원 판매를 앞지르는 일은 앞으로도 일어나지 않을 것이다. 예전처럼 많은 사람들이 엘피의 먼지를 닦으며 음악을 듣는 일도 없을 것이다. 꼭 그래야 하는 것도 아니고, 그게 옳은 것도 아니다. 하지만 엘피가 끝까지 살아남아서 계속 우리에게 질문을 던지게 만들 수는 있을 것이다. 우리가 뭐 잊고 있는 건 없는지, 너무 많은 걸 줄이고 압축하는 바람에 우리에게 필요한 것까지 줄인 것은 아닌지, 우리가 한때 진심으로 사랑했던 음악을 무덤덤하게 바라보고 있는 것은 아닌지, 그런 질문을 던지게 할 수는 있을 것이다. 끝내 엘피가 사라지지 않았으면 좋겠다.

휴대용 스피커 쇼핑

우선 쇼핑에 대한 정의부터 정리해야겠다. (사전에는 '장보기'나 '물건 사기'로 순화하라고 되어 있지만 쇼핑이란 단어를 고집하겠다.) 쇼핑이란 무엇인가? 쇼핑은 물건을 사는 일이 아니다. 물론 그런 뜻도 있지만 쇼핑은 무엇보다 '가게에 가는 일'이다. 내가 원하는 물건이 무엇이고, 나에게 필요한 물건은 무엇이며, 나에게 잘 어울리는 물건은 무엇이고, 나를 더 낮게 만들 물건은 무엇일지 '가게 안에서' 가늠해보는 일이다. 쇼핑이란 선택의 기로에서 망설이는 일이며, 후회를 피하기 위해 안간힘을 쓰는 일이며, 과연 이 물건을 사는 일이 합당한지 수십, 수백 번 되새김질하는 일이다.

그런 선택의 기로에 서는 게 나는 좋다. 물건 A는 세 개 부문에서 장점이 돋보이고 물건 B는 두 개 부문에서 앞서는데, 두 물건의 장단점을 놓고 봤을 때 당연히 A가 좋겠지만, B의 최고 장점을 놓치기엔 아까운 측면도 있어서, 총점은 A가 앞서지만 부분의 장점에서 앞서는 B를 선택할 수도 있다. 90분 내내 수비에 급급하던 축구 팀이 추가 시간에 한 골을 넣고 승리하는 경우가 쇼핑의 세계에서도 생기는 것이다. A를 선택하느냐, B를 선택하느냐로 그 사람이 어떤 사람인지 알 수도 있게 된다.

사소해 보이는 물건을 살 때 '쇼핑'의 진가가 드러난다. 나는 펜 한 자루를 사기 위해 한 시간 동안 문구점을 어슬렁거려본 적도 있다. 펜 하나를 손에 쥐면 (조금 과장을 보태서) 그 펜이 앞으로 펼칠 일을 마음껏 상상한다. 각각의 펜에서 다른 이야기가 펼쳐진다. 가늘고 날카롭고 미세한 펜을 쓸 때면 자세한 메모가 끝없이 이어질 것 같고, 두껍고 묵직한 펜을 손에 쥐면 대륙의 이야기를 밤새도록 쓰는 사람이 되는 것 같다. 각각의 물건에는 그렇게 만들어진 이유가 있고, 어떻게 쓰면 좋을지의 방법이 있다. 이유와 방법을 상상하며 자신을 확인해보는 것이다.

오래전부터 갖고 싶었던 '사소한' 품목 중 하나가 '휴대용 스피커'였다. 마땅히 쓸 데도 없으면서 그게 꼭 갖고 싶었다. 여행지에 도착해 모든 짐을 풀고 아이팟 클래식과 함께 휴대용 스피커를 꺼내는 장면을 상상한다. 스피커는 모노여야 한다. 창문을 연 다음 낯선 곳의 바람을 맞으며 거기에 어울리는 음악을 재생한다. 휴대용 스피커로 낯선 도시의 사운드트랙을 만들어보는 거다.

2013년엔 어쩐 일로 외국에 일을 보러 갈 기회가 많았는데, 기내 면세점 카탈로그를 볼 때마다 휴대용 스피커가 눈에 들어왔다. 내가 찾던 스피커였다. 음질은 확인할 길이 없었지만 무엇보다 회색 파우치가 예뻤고, 면세점이라서 저렴해 보였다. 비행시간은 길고 길어서 고민이 반복됐다. 나와 나의 대화가 길게 이어졌다. '살까?' '아냐, 인터넷을 뒤져보면 더 좋은 게 많을걸.' '이번 여행에서 쓸 스피커가 없잖아.' '그렇긴 하네.' '그럼 살까?' '음질이 별로이면 어쩌지?' '예쁘니까 장식용으로?' '그러기엔 비싸.' '호텔에서 음악을 들으면 근사할 텐데.' '아이폰으로 들으면 되지 않을까?' '에이, 맛이 안 나지.' '사자.' '그러자.'

호텔에 도착해서 떨리는 마음으로 아이팟에다 스피커를 연결시켰는데, 음질이 그저 그랬다. 베이스도 약했다. 제법 운치는 있었지만 소리만 따지자면 아이폰으로 듣는 게 훨씬 나았다. 우와, 아이폰 스피커 꽤 좋은 거네. 어쩌겠나, 쇼핑이란 게 그런 거지. 좋은 점도 하나 있었다. 현지에서 만난 사람에게 그 스피커를 선물하고 왔다. 음질은 별로였지만 선물로는 근사했다. 선물을 받은 그 사람도 '에이, 생각보다 음질은 별로네'라며 아이폰으로 음악을 듣고 있을지도 모르겠다.

11

참으로
실용적이지 않은 공장

★

공장은 어째서 죄다 멀리 있는가. 머나먼 공장들이 야속하다. 심지어 이번엔 교통도 불편하다. '한 방'에 가는 고속버스도 없어서 '시외버스'를 타야 했다. 돌고 돈 다음, 여러 곳을 거쳐야 목적지에 도착할 수 있었다. 자동차 없앤 걸 후회하지 않았는데, 이번엔 자동차가 조금 아쉬웠다. 그래도 가을이니까, 하늘이 높고 파란데 공기는 또 서늘도 하여 여행 다니기 참 좋은 계절이니까, 내가 참는다.

말없이 혼자 공장 취재를 다니다 보니 풍경을 보는 방식도 많이 바뀌었다. 전에는 버스나 기차를 타면 파란 하늘과 황금빛 들녘이 먼저 보였는데, 이젠 공장부터 보인다. 공장의 규모를 가늠해보면서 공장의 실내를 상상한다. 공장 안에서 부품과 제품과 상품을 만들고 있을 사람들의 모습을 떠올린다. 사람 참 간사하다. 하는 일이 바뀌니 보이는 게 바뀌고, 보는 풍경이 바뀌니 생각도 바뀐다.

버스에 탄 채 한적한 도로를 달리다 보면 세상에, 공장은 어찌나 그렇게 많은지, 새삼 놀란다. 저렇게 만들 게 많나, 저렇게 써야 할 도구가 많나. 공장의 간판을 보고 도대체 뭘 만드는 곳인지 추측하기 어려운 곳도 많다. 세상에 물건은 많고 공장도 많다. 공장 부지를 내놓은 곳도 보이고(망한 거지!) 공장을 새로 짓고 있는 곳도 있고(꿈에 차 있겠지!) 거대한 트럭에 뭔가 싣고 있는 곳도 보인다. 부질없는 인사겠지만, 모든 공장이 잘되길 바란다.

이번 목적지는 특별한 공장이다 보니 시외버스 타고 가는 길이 조금은 여유로웠다. 여유로워야 했다. 악기를 만드는 곳, 그중에서도 피아노를 만드는 공장으로 향하는데 조급한 마음이면 안 된다. 최종 목적지로 곧장 달려가지 않고, 여기저기 수많은 동네를 들렀다 가는 시외버스 안에서, 글렌 굴드가 연주하는 모차르트를 골랐다. 느긋하고 여유 있게 여행을 즐기자. 풍경을 보며 피아노를 느끼자. 시외버스가 속도를 내고, 귓속으로 피아노 소리가 들리자마자, 나는 잠이 들었다. 이런!

모차르트는 1777년, 새로운 피아노의 음색에 열광하며 편지에 이렇게 썼다. "피아노는 어떤 식으로 건반을 만지더라도 음색이 균일하다. 절대 귀에 거슬리지 않으며, 더 강해지거나 약해지지 않는다." 그래, 내가 잠에 빠진 이유가 그것 때문이었어. 절대 귀에 거슬리지 않는 피아노 소리 때문에 잠이 든 것이야, 라고 평계를 대본다.

피아노 소리에 대해서는 예전부터 관심이 많았다. 〈자동피아노〉라는 단편소설을 쓴 적도 있고, 피아노 연주자가 주요 인물로 나오는 소설도 썼다. 피아노에 대한 나의 관심은 단순한 것이었다. 피아노에서 그런 소리가 나오는 게 신기했다. 피아노 소리는 딱딱한 듯 부드럽고, 약한 듯 강하다. 흔한 듯 흔한 소리가 아니다. 현실의 소리 같다가도 꿈속에서 들려오는 소리 같기도 하다. 아마도 타현 악기이기 때문에 그런 미묘한 소리가 나는 것일 텐데, 듣고 또 들어도 질리지 않는 그 소리에 오래전부터 매료됐다. 피아노 만드는 곳에 한번 가보고 싶었다.

피아노에 대한 환상만큼 피아노 공장에 대한 환상도 있었다. 피아노에 대한 아름다운 책인 사드 카하트의 《파리 좌안의 피아노 공방》에는 뭉클한 피아노 공장 에피소드가 하나 등장한다. 어느 날 조음 견습공이 (유명한 피아노 회사인) 스타인웨이의 공장에 일을 하러 갔다가, 과묵한 스승이 눈물을 흘리는 모습을 보게 됐다. 스승은 공장에 들어온 낡은 스타인웨이 그랜드피아노의 해체된 액션(건반 악기의 기계 장치) 앞에 서 있었다. 견습공이 물었다. "무슨 일입니까?" 스승은 그랜드피아노를 분해하다가 내부의 감춰진 공간 속에서 다른 기술자의 오래된 서명을 보았다고 대답했다. 다름 아닌 돌아가신 아버지의 서명이었다.

피아노가 어떤 악기인지 설명해주는 일화다. 실제로 피아노 장인들은 피아노의 비밀스러운 공간에 자신만의 서명을 남긴다고 한다. 피아노 장인들은 미세한 소리에도 극도로 예민하며, 피아노의 재료인 나무들과 대화하는 사람이라는 얘기도 들었다. 그런 장인을 만날 수 있을지도 모른다는 생각을 하니, 더욱 긴장하게 되었고, 그래서 잠이 온 것은 아닐까, 핑계를 대본다.

느릿하고 나른한 아날로그 공장의 풍경

실제로 본 피아노 공장은, (밖에서 본 피아노 공장은 말 그대로 빙산의 일각인 것으로 밝혀졌지만) 생각보다 작았다. 공장으로 들어가려고 건물을 따라 걷는데 건물 안에서 피아노 소리가 흘러나왔다. 밖으로 새어 나오는 피아노 소리가 아름답다고 느낀 건 참 오랜만이었다. 널찍한 공장에서 피아노 소리가 들리자 소음 같지 않았다. 초등학교 때를 떠올리게 할 만큼 아련한 소리였다. 일상에서 피아노 소리를 자주 듣긴 한다. 아파트 아래층에서는 일요

180

일 아침마다 피아노를 친다. (거, 실력 참 안 늡니다.) 텔레비전 쇼 프로그램에서도 피아노 연주가 종종 등장한다. (피아노 연주가 아니라 묘기 자랑 같다.) 피아노 소리를 자주 듣지만, 일상 속에서 마음 놓고 피아노 소리를 들어본 게 언제인가 싶다.

디지털 피아노는 점점 아날로그 피아노를 닮아가며 아날로그 피아노 같은 소리를 내고 있다. 디지털 피아노는 조용하다. 헤드폰으로 소리를 들으며 피아노를 칠 수 있다. 건반의 액션이 현을 때려서 소리를 내는 아날로그 피아노의 판매는 점점 줄어들고 있다. 가격 역시 아날로그 피아노가 훨씬 비싸다. 비쌀 수밖에 없다. 아날로그 피아노는 나무로 만들어지고, 나무의 울림으로 소리를 만들어낸다.

피아노 역시 수많은 아날로그/디지털 디바이스의 운명을 그대로 닮아가고 있다. 종이책과 전자책, 엘피와 시디, 비디오테이프와 디브이디, 아날로그는 부피가 크고 불편하지만 소수의 지지자가 있고, 디지털은 작고 간편하며 많은 사람들이 손쉽게 사용한다.

어쩌면 그건 고속버스와 시외버스의 차이인지도 모르겠다고, 잠이 덜 깬 상태에서 생각했다. 고속버스는 최대한 빨리 목적지로 데려다 주지만, 많은 정류장을 생략할 수밖에 없다. 생전 이름도 처음 듣는(이거 봐, 벌써 정류장 이름 잊어버렸다) 작은 정류장에서 할아버지와 할머니가 웃고 떠들며 버스에 오르는 장면을 절대 볼 수 없으며, 작은 동네의 세탁소 앞에서 고풍스러운 양복을 찾아 들고 환하게 웃던 아저씨의 표정 같은 것도 놓칠 수밖에 없다. 빠른 건 빠른 대로 중요하고, 느릿느릿 돌아가는 건 또 그것대로 필요하다. 어떤 게 더 낫다는 주장이 아니라 둘 다 필요하고, 둘 사이의 균형이 필요하다는 것이다.

피아노 공장에 들어섰을 때의 느릿느릿하고 나른한 풍경이 지금도 눈에 선하다. 피아노 공장의 창으로는 햇볕이 들어오고 있었으며(여태껏 작업장으로 햇볕이 들어오는 공장은 처음이었던 것 같다) 몇 명의 장인들이 피아노 앞에 서서 건반을 치고 있었다. 소리들은 작은 작업장 안에서 맴돌다가 어디론가 사라졌다. 해머가 현을 두드리고, 나무 속의 현이 떨리며 소리를 내다가 사라졌다. 그럴 수 있다면, 공장의 풍경과 소리를 '복사' 한 다음 휴식이 필요할 때 내 앞에 '붙여넣기' 하고 싶었다.

나에게 피아노는 '여유로움의 상징'이었다. 초등학교 때 친구 집에 놀러 가서 피아노를 보고 기가 죽었던 게 생각난다. "이 집은 피아노를 칠 만큼 한가한 집안이에요." "여긴 거실에다 피아노를 놓을 만큼 집이 커요." 피아노가 이런 말을 하고 있는 것 같았다. 한 대 쥐어박고 싶었다. 우리 집은 저녁에 피아노를 칠 만큼 한가하지 않았고, 거실에다 피아노를 놓을 수도 없었다. 아예 거실 같은 게 없었다. 나는 피아노를 배우고 싶었지만 부모님은 태권도를 배우게 했고, 그때 배운 태권도로 세계 선수권 대회에 출전하여 우승을 했으면 아쉽지나 않지, 이젠 점점 굳어가는 골반 덕분에 태권도를 배운 게 더욱 억울해지고 있다. 태권도 대신 피아노를 배웠더라면 혼자 연주를 하면서 쉴 수도 있을 텐데 아쉽다. (하긴 태권도도 혼자 발차기를 하며 쉴 수도 있겠지만, 생각만 해도 피곤하네.)

거실에다 큼지막한 피아노를 사다 놓고 뿌듯해하던 우리들의
예전 모습이 순진하고 예뻤다는 생각이 든다. 엄청난 부피의 소
년소녀 문학전집을 책장에 꽂아놓고 뿌듯해하던 마음도 있었고,
생일 선물로 시집을 선물하던 마음도 있었다. 가물가물하지만,
우리에게 그런 마음이 있었다(다들 기억은 나시려나?). 그런 걸 두
고 문화적 허영이라고 부르는 사람도 있겠지만 '허영'이라는 말
은 문화나 예술과 어울리지 않는 말이다. '허영'은 필요 이상의
겉치레란 뜻인데, 문화와 예술에는 애당초 필요라는 게 없으며
겉치레를 계속하다 보면 겉이 속으로 변하는 순간이 온다고, 나
는 생각한다. 거실에 있는 피아노를 계속 보다 보면 치고 싶어지
고, 책장에 꽂혀 있는 전집은 누군가 읽게 마련이다. 사람들은 예
전과 달리 마음을 잃고 점점 실용적으로 변한다. 실용이라는 말
이 무슨 뜻인지도 잘 모르겠다.

나의 어린 시절인 1970~1980년대는 피아노의 황금시대라 할
만했다. 피아노 공장에서 전설로 내려오는 이야기에 따르면 "그
때는 피아노 재고가 전혀 없었으며 도매상들이 현찰을 들고 와서
피아노를 사 갔다". 경리과의 금고에 현금을 넣을 공간이 부족해
서 과일 상자에다 현금을 쌓아두었다는 이야기도 전해 내려온다.
피아노 공장의 직원이 자동차 공장의 직원보다 많았을 정도다.

피아노 공장은 새로운 시대에서 살아남기 위해 다양한 방법을 모색하고 있다. 아날로그 피아노보다 디지털 피아노를 더 많이 생산하고 있으며, 아날로그 피아노에 부착할 수 있는 '사일런트 시스템'을 개발했다. '사일런트 시스템'은 혁신적인 아이디어다. 70만 원 정도만 들이면 기존 피아노를 아날로그 피아노로 쓸 수도 있고, 디지털 피아노처럼 쓸 수도 있다. 이제는 많은 사람들이 디지털 피아노를 선호하지만 '나무와 현의 울림이 만들어내는 피아노 소리'를 절대 포기할 수 없다는 공장의 자존심 같다.

소리를 만드는 일, 소리를 파는 일

피아노 만드는 공정을 보다가 묘한 흥분을 느낄 때가 있었다. 피아노는 대개 프레임과 브리지만 완성된 상태로 들여온 다음 건반과 액션을 조립하는 형태로 작업이 진행되는데, 조립이라는 게 말처럼 쉬운 일이 아니다. 피아노 현이 당기는 힘은 10톤이 넘는다. 피아노 현의 균형을 맞추고 압력을 분산시킨 다음 팽팽한 힘의 균형을 잡아주는 작업을 '정조(正條)'라고 한다. 건반이 자리를 잡도록 '타건기'로 피아노 현을 때리는 순간, 커다란 굉음이 공장 안에 가득 찼다. 피아노 현이 흔들리면서 뱉어내는 소리들은 백남준의 음악 같기도 했고, 소음 사이로 아련한 멜로디가 들려오는 것 같기도 했다. 음악이라고 해도 될 만한 소리였다. 정조 작업이란, 말하자면 수많은 소리 사이에서 정확한 피아노 소리만 남기는 것이고, 그 소리가 모여 음악이 되는 것인데, 나에게는 버려지는 소리 역시 음악으로 들렸다. 피아노 공장에서만 느낄 수 있는 소리의 축제였다.

두 번의 정조 작업(예전에는 3차 정조까지 했다고 한다)과 마지막 정음 작업을 거쳐 피아노의 소리가 완성되는데, 조립에서 정음까지 한 사람이 모든 과정을 도맡아 한다. 대량생산을 하던 시절에는 작업자들이 단순 공정을 맡았지만, 지금은 한 사람이 모든 공정을 책임진다. 휴대전화의 소리는 꺼두고, 이어폰을 쓰는 일도 없다. '보이싱 룸'에 들어가서 정음 작업을 할 때면 모든 신경을 귀에다 집중시킨다. 오케스트라의 지휘자가 하는 일을 정음 작업에서 하는 셈이다. 각각의 소리가 제대로 자리 잡을 수 있도록, 튀어나온 소리는 눌러주고 가라앉은 소리는 끄집어 올린다. 정음 작업에 집중하면 피아노 현에 묻어 있는 먼지도 느낄 수 있다고 한다. 직원 아홉 명이 생산하는 피아노는 그랜드피아노 열대, 업라이트피아노 열두 대 정도다. 이쯤 되면 장인이라 불러도 될 것 같다.

직원들의 공구함에는 무시무시해 보이는 도구들이 많았다. 직원들은 그 도구들로 피아노를 조이고 풀고 때리고 누르면서 소리

를 맞춰나갔다. 해머를 샌딩하기도 하고, 해머에 붙은 양모 펠트를 바늘로 찔러서 부드럽게 만들기도 한다. 30년 동안 피아노를 만들었지만 달라진 것은 별로 없다. 많은 기술이 개발되고 재료도 개선됐지만 조이고 풀고 누르면서 소리를 찾아낸다는 점은 바뀌지 않았다.

지금까지 보아본 공장의 제품 중에서 가장 까다로운 게 피아노가 아닐까 싶다. 먹는 제품도 있었고, 입는 제품도 있었지만 피아노만큼 까다롭지는 않았다. 엄밀히 말하자면 피아노 공장에서는 피아노를 만드는 게 아니라 소리를 만드는 것이다. 피아노를 파는 것이지만 소리를 파는 것이기도 하다. 피아노를 만드는 데 는 정답이 없다.

피아노 전문가들은 피아노를 옮길 때 전문가의 도움을 받으라고 한다. 까다롭다. 피아노는 가구가 아니다. 그럼 과학인가? 그것도 아니다. 피아노를 옮기고 난 다음에는 며칠 동안 제자리에 가만히 두어야 소리가 잡힌다고 한다. 까다롭다. 피아노는 전자 제품이 아니다. 이건 마치 반려동물 같다. 살아 있는 생물 같다. 전문가들은 피아노를 험하게 치는 것보다 아예 안 치는 게 더 나쁘다고 말한다. 피아노를 외롭게 두면 안 된다는 얘기이기도 하고, 피아노는 나무로 만들어졌기 때문에 가만히 놓아두면 길이 들지 않는다는 것이다. 진동이 있어야 부품과 나무가 결합되고 내부에 울림이 있어야 안정을 찾게 된다. 피아노는 살아 있다.

그랜드피아노와 업라이트피아노의 가장 큰 차이는 액션의 방향이다. 업라이트피아노의 현은 수직으로 놓여 있어서 해머가 앞뒤로 움직이지만 그랜드피아노의 현은 수평으로 놓여 있어서 해머가 위아래로 움직인다. 연주자들이 그랜드피아노를 사용하는 이유는 위아래로 움직이는 해머 덕분에 연속 타건을 할 수 있기 때문이다. 그랜드피아노 속에서 해머는 중력의 영향을 받고 아래로 떨어진다. 건반을 누르면 해머가 일어나서 현을 한 대 때리고 다시 아래로 떨어진다.

　피아노 공장에 다녀온 후부터 자꾸 그런 장면을 상상하게 된다. 피아노 속 보이지 않는 공간에서 수많은 해머들이 일어나서 현을 때리고 제자리로 돌아간다. 어쩐지 무척 외로워 보이는 풍경이다. 해머가 현을 때린다. 현이 떨린다. 현이 떨며 소리를 낸다. 피아노 공장에서 생산한 바로 그 소리다. 소리는 피아노의 내부를 한 바퀴 스윽 돌아본 다음 피아노 밖으로 날아간다. 날아가서 공기에 뒤섞인 다음 어디론가 사라진다. 기껏 공장에서 생산해놓았더니 어디론가 사라진다. 아무리 생각해도 참으로 실용적이지 않은 공장에 다녀왔다.

사물의
뒷면

음악

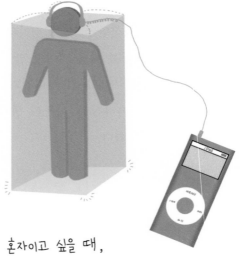

혼자이고 싶을 때,
아무도 나를 건드리지 못하도록
음악을 듣는다.
음악이 벽을 만들어준다.
음악이 나를 만들어준다.

샤프펜슬

심이 다 닳아갈 때쯤
샤프펜슬의 머리를 누른다.
딸깍, 샤프심 한 칸이 밖으로 나온다.
샤프펜슬의 몸통은 불투명해서
샤프심이 얼마나 남았는지 알 수 없다.
몇 번 더 누를 수 있을지 알 수 없다.
샤프심의 한 칸이 인생의 한 시절 같다.

책장

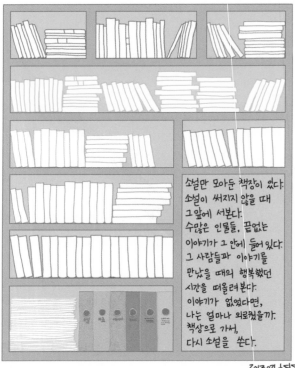

소설만 모아둔 책장이 있다.
소설이 써지지 않을 때
그 앞에 서본다.
수많은 인물들, 끝없는
이야기가 그 안에 들어 있다.
그 사람들과 이야기를
만났을 때의 행복했던
시간을 떠올려 본다.
이야기가 없었다면,
나는 얼마나 외로웠을까.
책상으로 가서,
다시 소설을 쓴다.

2013 02 신경숙

만년필

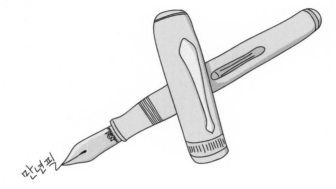

만년필

만년필로 글씨 쓰는 걸 좋아한다.
사각사각이는 그 소리가 좋다.
만년 (萬年) 이라는 단어가 붙어 있는 것도 좋다.
내가 죽고 나서도 만년필은 살아남아서
구천구백 년 동안 사각거리고 있을 생각을 하면
기분이 묘하다.

12

대장간의
탄생 설화

★

대장간 산책기

내 탄생의 비밀에 대해서는 대학생 때 처음 들었다. 어머니는 겸
연쩍은 목소리로 오랫동안 묻어둔 비밀에 대해 이야기했다. "얘
야, 사실은 말이지." 나는 잔뜩 긴장했다. "얘야, 너는 말이지." 어
머니, 빨리 이야기하세요. "사실은 말이야⋯⋯, 너는 야외에서 태
어났단다." 나는 그게 무슨 말인지 몰라 어머니를 한참 보았다.
야외에서 태어났다는 건, 은유나 상징 같은 것일까, 생각했지만
어머니의 얼굴에서 문학적 허세는 느낄 수 없었다. 말 그대로였
다. 나는 야외에서 태어났다.

　요약하면 이렇다. 어머니와 아버지가 찢어지게 가난하여 찢어
지지 않으려고 서로를 붙들고 있던 시절, 둘째 아이가 들어섰다.

그게 나다. 내가 세상에 나올 때쯤 부모님은 작은 방에 세 들어 살고 있었는데 하필이면 주인집에도 태어날 아이가 한 명 있었다. 비극이 시작되었다. 주인집 아주머니는 '한 지붕 아래에서 한 달 내에 두 명의 아이가 태어나면 운이 사납고 불길하다'는 이상한 미신을 믿고 있었는데, 지금이야 말도 안 되는 소리라고 무시했겠지만 그 시절엔 그런 소리가 꽤 힘 있게 전파되던 시기였고, 어머니는 힘없는 세입자다 보니 매일 눈치를 보면서 전전긍긍할 수밖에 없었다.

결국 주인집 아이가 먼저 태어났고, 어머니는 진통이 오자마자 밖으로 나가 헛간에서 나를 낳으셨다. 나는 별을 보며 태어났다. (이렇게 쓰고 보니 무슨 탄생 설화 같다. 별을 보며 태어난 이 아이는 성장하여 한 나라를 다스리……, 는 일 같은 건 꿈도 꾸지 않는다.) 어머니는 풍로에다 왕겨를 넣어 불을 지핀 다음 물을 끓이시었다. 그러시었다. 주인집에서 나무 땔감을 태울 때 어머니는 그러시었다. 생각만 해도 욕이 튀어나오지만, 주인집 아주머니도 사정이 있었겠지. 나를 소설가로 만들기 위해 이야기를 제공하려는 목적으로 그러신 것이겠지, 암, 그렇고 말고, 아무리 생각해도, 내 생일이 음력 3월인데, 밤에 날 낳으셨다던데, 참 추웠을 텐데, 그것 참 너무하셨네, 싶다.

어머니는 탄생의 비밀을 마무리하는 단계에 이런 말을 덧붙

이셨다. "네가 태어난 곳은, 주인집의 대장간 바로 옆이었단다." 이런, 전설의 완성이다. 마구간도 아니고 대장간이다.

아이는 자라서 소설가가 된 후, '메이드 인 공장'을 스스로 기획하고, 대장간 역시 일종의 공장이 아니겠냐며 기어코 대장간을 찾아가고야 만다. 어쩐지 꼭 한번 가보고 싶었다.

일종의 공장이 아니라 실제로 공장

문을 열고 들어서면서 주인에게 곧바로 이렇게 인사를 건넸다. "제가 태어난 곳이 대장간입니다." 주인장은 이렇게 대답했다. "아유, 좋은 데서 태어났네. 대장간이라는 데가 쇠하고 불이 있어서 기운이 좋은 곳이에요. 불 갖고 노는 집이니까. 활활 타오르고 잘될 거예요. 큰사람 되겠네. 껄껄껄." "예, 그래서 제가 이렇게 몸이 큰가 봅니다. 하하하." 주인장은 짧은 대꾸만 하고 계속 쇠를 두드렸다. 벌겋게 달아오른 쇳덩어리를 때리고 두드리고 식히고 구부리고 다시 때리고 펴고 다듬어서 던져두면 마술처럼 도구로 변했다.

일종의 공장이 아니겠냐고 했지만, 실제로 공장이 맞았다. 다녀본 공장 중에 이보다 더 공장스러운 곳을 보지 못했다. 문 입구에는 호미, 낫, 괭이, 갈고리 등 수백 가지 도구들이 가지런히 정리돼 있고, 안쪽에는 뜨거운 화로가 공장을 달구고 있으며, 작업대에서는 큼지막한 망치가 쇳덩이를 연신 두들기고 있었다. 이날은 오리 훈제용 집게를 만들고 있었다. 한 사람이 큰 망치로 두들기면 한 사람이 쇳덩이를 모루에 놓고 메질을 하며 모양을 다듬는다. 망치로 이리저리 두드리니 금세 모양이 잡힌다.

　가장 쉽게 만들 수 있는 건 호미나 집게 종류다. 하루에 40~50개는 거뜬히 만들 수 있다. 가장 만들기 까다로운 것은 도끼 종류다. 만드는 기술에선 큰 차이가 없지만 하나에 4~5킬로그램

이 넘는 도끼를 이리저리 돌리다 보면 몸이 힘들 수밖에 없다. 시간이 가장 많이 걸리는 것은 의외로 칼이다. 열심히 두드려도 하루에 열 개 만들기 힘들다. 칼 모양 잡고, 칼자루 깎고, 칼자루 박고, 끝마무리하고, 열처리하고, 다시 갈아야 한다. 칼 한 자루에 1만 원부터 10만 원짜리까지 종류도 다양하지만 만드는 노력을 생각하면 전혀 비싼 게 아니다. 칼은 주문이 들어와야 만든다. 미리 만들어놓기에는 시간이 많이 걸리기 때문이다. 농기구로는 돈을 벌기 힘들지만 의외의 단골들이 많다. 사극에 나오는 농기구나 궁녀들이 쓰는 칼, 약초 캘 때 쓰는 호미 등의 영화 소품 제작을 부탁하는 사람들도 있고, 인테리어 소품을 만들어달라는 사람도 많다. 건축 관계자들, 철 공예 아티스트들, 공예를 전공하는 대학생들도 대장간의 단골이다.

"먹고사는 데 지장 없을 만큼 잘 벌지만, 배우려는 사람이 없어요. 이거 배우려면 최소한 10년은 해야 되는데, 아니지, 10년도 모자라지. 여기 집게만 봐도 얇은 거, 동그란 거, 넙적한 거, 다 달라요. 집게만 해도 70가지는 될 거예요. 일단 쇠를 만지려면 눈썰미가 있어야 되고, 손재주도 있어야 해요. 여기에 있는 쇠도 다 다른 거예요. 킬로그램에 몇 백 원 하는 쇠도 있고, 킬로그램에 10만 원 하는 쇠도 있고, 천차만별입니다. 그걸 다 익히려면 10년도 모자라지."

똑같은 호미 같고, 똑같은 칼 같지만, 대장간 사람들은 자신이 만든 제품을 한눈에 알아본다. 자신만의 고유한 모양이 있다는 것이다. 예전 사람들은 대장간을 공장으로 생각했지만 이젠 의미가 좀 달라진 것 같다. 대장간을 두고 단순히 공장이라고 말할 수 없게 됐다. 수지를 맞추기 위해 많은 부분을 기계로 바꾸었지만 여전히 손으로 때리고 두드려서 물건을 만들어낸다. 공장을 다니면서 공장과 공장 아닌 곳의 구분이 점점 모호해지고 있다. 공장이 과연 무얼까.

대장간의 소리는 기차를 닮았다

대장간의 주인장은 기다리는 사람이 한 명 있다고 했다. 중학교 때부터 대장간을 드나들던 아이가 있었는데, 대학을 졸업하면 대장간에 일 배우러 오겠다는 약속을 했다고 한다. 작년(2013년)에 고등학교를 졸업하고 대학을 들어갔으니, 앞으로 몇 년은 더 기다려야 한다. 대장간의 주인장이 아이 이야기를 할 때 싱긋거리는 것을 봤다.

"애가 만드는 걸 무지하게 좋아한대요. 어릴 때부터 그렇게 쇠를 두드려서 뭘 만들었대요. 자주 찾아와서 일하는 걸 지켜보고 하길래, 엄마가 반대 안 하시냐 물었더니 이미 설득을 했대요. 한

번 믿고 기다려봐야지. 우리는 일자무식이지만 그 아이는 대학까지 졸업하고 나면 뭘 해도 나보다 잘하겠지."

이렇게 기다리는 사람이 있으니, 아이의 마음이 변치 않았으면 좋겠다. 아니다, 변해도 할 수 없다. 마음이 그렇다는 것이다.

대장간 이야기를 다 듣고 나서도 나는 계속 문 앞에 서 있었다. 그날따라 엄청난 양의 눈이 쏟아지고 있었다. 나는 퍼붓는 눈을 보면서 쇠 두드리는 소리를 들었다. 착, 착, 찰그랑, 찰그랑, 툭, 툭, 툭, 투쿵, 투쿵, 투쿵, 채쟁, 채쟁, 챙, 챙, 하는 쇳소리가 어찌나 리드미컬한지 귀를 뗄 수가 없었다. 소리는 멀리 벗어나지 못하고 눈 속에 파묻혔다.

대장간의 위치는 역 바로 앞이었다. 시끄러운 대장간 일을 하기 위해서는 다른 상점과 떨어져 있는 장소가 필요했다. 고르고 고른 곳이 지금의 위치였다. 소리를 계속 듣고 있으니 역 앞의 대장간이 참 잘 어울린다는 생각이 들었다. 대장간에서 들리는 소리와 기차 소리는 어쩐지 닮았다. 사람의 마음을 떨리게 하는 소리, 아련한 소리, 아득한 소리, 세상 어떤 소리보다 리드미컬한 소리였다. 내 귀에만 그렇게 들리는 것일까. 대장간 집에서 태어난 사람에게만 그렇게 들리는 것일까. 아니겠지. 아닐 것이다.

13

아름다운
현대의 무기 공장

★

화장품 공장 산책기

들을 때마다 묘하게 마음이 설레는 단어가 있다. '방판.' 이른바
방문판매다. 쇼핑의 참다운 맛은 가게를 '방문하여 구매하는' 이
른바 '방구'지만(신조어임, 이런 말 없음) 정반대로 누군가 우리 집
을 방문하여 물건을 판매한다는 상상을 하면(누가 올까, 어떤 물
건을 가지고 올까, 어떤 선물을 받을 수 있을까) 가슴이 뛴다. 한때
그런 농담도 자주 했다. '소설도 방문판매하면 괜찮지 않을까?'
내 소설들을 가방에 넣어서 직접 판매하러 가는 거다. 고객의 취
향에 따라 내 소설 중 한 권(혹은 여러 권)을 추천해주고, 소설을
쓰던 순간들의 짤막한 이야기도 들려주고, 연필 같은 것도 한 자
루씩 선물로 주는 거다. 그리고 방판의 진정한 묘미, 다른 소설가

들의 미리 보기 샘플 책도 한 권씩 끼워준다. 아, 생각만 해도(일단 가야 하는 입장에선 귀찮긴 하지만) 책을 사는 사람의 기쁨이 느껴진다. 일단 방문판매가 가능하려면 책 가격의 상향 조정이 필요하므로 도저히 시도해볼 수 없는 판매 방식이지만(책 한 권 팔아봤자 차비도 안 나옵니다!) 언젠가 신간 출간 이벤트 때 해보면 재미있을 것 같다. (그나저나, 작가가 직접 찾아오면 좀 부담스러우려나.)

'방문판매' 하면 어린 시절의 화장품 아주머니가 떠오른다. 많은 사람들이 그럴 것이다. 화장을 곱게 한 아주머니가 큰 가방을 들고, 혹은 자전거 뒤에 큰 가방을 싣고 골목길로 들어오는 모습이 떠오를 것이다. 방판 아주머니는 어머니보다 훨씬 예쁘고 세련됐다. 아주머니는 어머니에게 인사를 한 다음 커다란 가방을 열어서 마법의 제품들을 하나씩 선보였다. 자세한 제품명은 당연히 기억나지 않고, 어떤 종류의 화장품이었는지도 기억나지 않지만 화장품 아주머니의 '분 냄새'와 아주머니가 건네준 (아마도 '미제'였을 것만 같은) 초콜릿은 지금도 기억에 선명하다. 어머니는 그 시절을 이렇게 회상했다.

"화장품을 얼굴에 발라주기도 하고, 마사지도 해주는데, 그런 건 비싼 거 사야지 해줘. 나는 영양크림 같은 것밖에 안 샀으니까 미안하지. 그 아줌마들은 꼭 외상 장부를 들고 다녔어. 외상을 해주면 다음에 또 와야 하고, 또 오면 뭐라도 하나 팔게 돼 있으니까. 신기한 게, 화장품 똑 떨어질 때면 아줌마들이 나타난다니까."

컬러텔레비전이 보급되면서 한국에도 색조 화장이 널리 유행했지만 어머니는 얼굴에 색을 입힐 시간이 없었다. 일을 마치고 집에 돌아온 어머니는 얼굴에 한가득 영양크림만 바를 뿐이었다.

화장품은 내게 세련의 상징이며 욕망의 대상이며 계급의 꼬리표처럼 느껴졌다. 나에게 화장품은 세상을 양분하는 손쉬운 기준이기도 했다. 세상에는 화장을 하는 사람과 화장을 할 필요가 없는 사람으로 나눌 수 있다. 또는 화장을 매일 하는 사람과 아주 가끔 큰 행사가 있을 때만 화장을 하는 사람으로 나눌 수 있다. 어릴 때는 대체로 세상을 이등분해보고 싶어 한다. 저기 아니면 여기, 서울 아니면 지방, 화장품 아주머니 아니면 어머니, 부자 아니면 가난뱅이.

이제는 누구나 화장을 한다. 많은 사람들이 어떻게 하면 자신의 얼굴이 더 예쁘게 보일지 고민한다. 화장품을 계급의 꼬리표처럼 느끼는 건 촌스러운 일이 됐다. 그런데도, 나는 화장품이 단순한 화장품처럼 보이질 않는다. 그 속에는 뭔가가 있다. 첨가 성분의 비율만으로 가늠할 수 없는 뭔가가 있다. 그게 뭔지 궁금해서 화장품 공장을 찾았다.

화장품 공장은 하얬다

'메이드 인 공장' 기획을 몇 년만 일찍 했더라도 내 고향의 공장을 소개할 뻔했다. 지금은 오산으로 옮긴 이 공장은 2011년까지만 해도 내 고향 김천에 있었다. 어릴 때부터 공장 이름을 들으며 자랐기 때문에 낯설지 않았다. 어쩌면 내가 다니게 됐을지도 모를 공장이었고, 친구들이나 부모님 친구들의 자녀들이 다녔을 공장이었고, 지금도 아는 사람이 한 명쯤 있을지도 모르는 공장이었다.

화장품 공장에 들어갔을 때 가장 눈에 띄었던 것은 대부분의 직원들이 여성이라는 점이었다. 공장이 김천에 있었더라도 내가 다니긴 힘들었겠다. (공장을 견학하던 도중, 설명해주시던 분이 김천 출신의 직원에게 '이분이 김천 출신의 소설가야'라며 나를 소개하는 통에 등에서 식은땀이 흘렀다. 직원분은 '아, 예' 하며 건성으로 인사를 했다. 일하시는 데 귀찮게 해드려 무척 죄송합니다.)

개화기 이후 화장이라는 말을 쓰기 전에는 '단장'이라는 표현을 사용했던 모양이다. 개인적으로 단장이라는 말이 조금 더 예쁘지만, 단장보다는 화장이라는 단어가 좀 더 적확한 것 같기도 하다. 자신을 꾸미고 돋보이게 하려는 목적이 '단장'이라면, 내가 꿈꾸던 외모로 변화하게 만드는 것이 '화장'인지도 모르겠다. 화

장이란 변화하는 것이고, 바뀌는 것이니까 말이다. 화장을 통해
서 새로운 사람으로 거듭나기도 하고 (누, 누구세요?) 화장을 통
해서 자신이 어떤 사람인지 정확하게 알려주기도 하고 (투명한
화장을 한 당신은, 투명한 사람이로군요) 화장을 지우고 나면 자신
으로 되돌아오기도 하는 (다시 한 번 누, 누구세요?) 것이다.

　화장품 공장에 들어섰을 때 기계가 돌아가는 꿍음을 들으면
서, 수많은 향과 색이 어우러져 있는 풍경을 보면서, 이곳은 '현
대의 무기 공장' 같은 곳인지도 모르겠다는 생각이 들었다. (저처
럼 얼굴이 무기인 사람도 있지만) 많은 사람들은 이곳의 화장품을
무기로 사용하는 것인지도 모르겠다. 누군가를 파괴하는 무기가

아니라 상대방의 공격으로부터 자신을 보호해주는 무기. 얼굴에 두드려 흡수시키고, 얼굴에 연필로 그리고, 또 크림을 찍어 바르며 그렇게 아침마다 무기를 장착한 다음 새로운 인간으로 변하여 사람들을 만나고, 일을 하고, 혼나고, 혼내고, 울고 웃다가 집으로 돌아오는 것이다. 화장을 지우고 나서야 감정의 전쟁터에서 겨우 벗어나는 셈이다.

화장품 공장의 가장 특이한 점은 모든 벽이 하얀색으로 칠해져 있다는 것이었다. 병원 같다는 생각은 들지 않았다. 하얀 벽 앞에는 (회사 대표님이 워낙 미술에 관심이 높은 탓에) 유명 아티스트들의 작품들을 설치해두었고, 천장을 뚫어서 자연 채광을 할 수 있게 했다. 화사하고, 근사하다. 왜 하얀색으로 벽을 칠했는지 알 것 같았다. 하얀색은 처음의 색이다. 색 이전의 색이고, 색 이후의 색이고, 모든 색이다. 하얀색은 화장의 시작점이기도 하지만 모든 화장을 지우고 난 후 감정의 전쟁터에서 벗어난 휴식의 색이기도 한 셈이다.

화장품 공장의 구조는 (생긴 모습을 무시하고 내 마음대로 설명하자면) 비행기처럼 되어 있다. 새가 좌우의 날개로 난다면 화장품 공장은 (로션과 스킨 같은) 기본 화장품과 (파운데이션이나 립스틱 등등의) 색조 화장품이라는 두 개의 날개로 날아간다. 양쪽에서 만들어진 제품이 가운데로 모인 다음 다른 세상으로 날아간

다. 기본 화장품과 색조 화장품은 제조 방식이 완전히 다르기 때문에 서로 오염될 수 있는 여지를 완전히 없애기 위해 아예 공장 자체를 분리시켜놓은 것이다. 언뜻 보면 두 개의 작업장이 대칭처럼 보인다. 원료를 칭량(저울로 무게를 다는 일)하고 내용물을 제조한 다음 용기에 투입하는 작업이 거의 비슷하다. 하지만 거의 비슷해 보이는 두 작업장에는 차이점이 몇 개 있었다.

화장품 공장은 '물'로 제품을 생산하는 곳이고 사람의 몸에 직접 닿는 제품을 만들기 때문에 청결도에 신경을 쓸 수밖에 없다. 대부분의 작업장이 깨끗하지만 그중에서도 청정도 1등급인 곳이 있다. 마스카라를 생산하는 곳이다. 눈에 직접 닿을 수 있는 제품이기 때문에 관리 기준도 엄격하고, 일하는 사람도 거의 우주여행복 같은 옷을 입고 작업을 한다. 작업장이 오염되면 순식간에 큰 사고로 직결되기 때문에 두 겹 세 겹으로 방어막을 둘러싸는 것이다. 작업자의 옷을 보고 있으니 인간의 욕망이란 참으로 강력하다는 생각이 든다. 눈가에 뭔가를 바른다는 건 그토록 위험한 일이지만, 위험을 감수하고서라도 우리는 아름다워지려고 하는 것이다. 작업자의 두꺼운 옷은 우리들의 욕망의 두께이기도 하다. 화장품 공장을 자세히 들여다보고 있으면 우리들의 욕망이 점점 구체적이고 세분화됐다는 걸 알 수 있다.

기본 화장품이든 메이크업 화장품이든 공정은 비슷하다. 간단하게 설명하면, 화장품을 연구하고 미리 만들어서 테스트해본 다음 잘되겠다 싶으면 양산한다. (흠, 너무 간단하게 설명했군.) 연구원들이 화장품을 미리 만들어보는 곳을 '파일럿실'이라고 하는데, 기본 화장품은 대략 50킬로그램 정도의 제품을 만든 다음 안정성 검사나 미생물 검사 등을 실시한다. 메이크업 화장품은 파일럿실이 두 곳으로 나누어진다. 제품에 대한 사람들의 기호와 유행을 조사하는 '연구실'이 있고, 연구를 바탕으로 10킬로그램 정도의 '파일럿 제품'을 만드는 곳이 분리돼 있다. 기본 화장품이 '기본'을 채워준다면, 메이크업 화장품은 '취향'과 '유행'에 대한 욕구를 채워주는 셈이다.

작업장을 봐도 확연히 알 수 있다. 기본 화장품 작업장에는 고정적인 수요가 있는 제품을 3000개 이상 생산하는 라인이 따로 있다. 소품종을 대량생산하는 공장 특유의 기운이 있다. 메이크업 작업장은 분위기가 사뭇 다르다. 작은 라인이 여러 개 있고, 한 사람이 모든 과정을 담당한다. 이런 라인의 시초는 'U 라인'(유재석 라인이 아닙니다)이다. 컨베이어 시스템은 대량생산을 하는 데 최적화된 시스템이지만 다품종 소량생산을 하기엔 부적합할 수밖에 없다. 일자로 만들어진 시스템에서는 '속도'를 낼 수 없고, 인력의 소모가 많을 수밖에 없다. U 자 형태로 된 라인에서는 최소한의 인력이 생산을 담당할 수 있다. (U 라인은 1940년대에 도요타에서 처음 선보인 생산 라인이라고 한다.)

이후에 만들어진 게 바로 '셀(Cell) 라인'이다. 셀 라인은 구소련의 군수공장에서 처음 선보인 것인데, U 라인을 축소해서 한 사람이 모든 공정을 처리할 수 있도록 했다. 이 공장에서는 다양한 셀 라인을 만들었다. 듀얼 셀 라인, 멀티 셀 라인 등등 수많은 조합이 가능하다. 생산 담당 책임자는 이런 말을 했다.

"우리는 생산 라인의 정의를 '아메바'라고 내려요. 환경에 따라 변화무쌍하게 변하며 적응하는 단세포동물 말이에요. 현재 있는 생산 라인은 내일이면 없어질지도 몰라요. 영구적이 아니라는 거죠. 내일 고객이 다른 요구를 하면 우리는 또 다른 라인을 만들어 고객이 원하는 제품을 생산할 거예요. 그렇기 때문에 생산 라인은 절대 고정적이어서는 안 돼요. 하루에도 열두 번은 더 변할 수 있다는 생각을 하지 않으면 안 되죠."

화장품 공장의 모든 구조는 우리의 욕망을 여실히 보여주고 있었다. U 자 형태의 작업장도, 셀 라인의 형태도, 마스카라 생산장의 모습도, 우리의 욕망을 비춰주는 거울인 셈이다. 말하자면 화장품은 레고 블록 같은 것인지도 모른다. (잘은 모르지만) 수많은 화장품의 조합을 통해 자신만의 개성을 발휘할 수 있으며, 앞으로도 무궁무진한 가능성이 남아 있는 것이다. 우리는 모두 남들과 '다른' 조합을 꿈꾸고 '다른' 모습을 원하고 있다.

호의와 선의의 화장

화장품을 잘 모를 때에는 (지금도 여전히 잘 모르지만) 저토록 다양한 화장품을 생산하는 것은, 당연히 상술일 수밖에 없다고 생각했다. 우리의 생활을 그토록 세분하는 것은 (아침에는 이걸 바르고 저녁에는 저걸 바르고, 자기 전에는, 또 햇볕 있을 때는 이것, 또 저것, 아니 또 뭐?) 참 이상하다는 생각을 했다. 지금도 그 생각이 완전히 사라진 것은 아니지만 충분히 그럴 수 있다고 이해하게

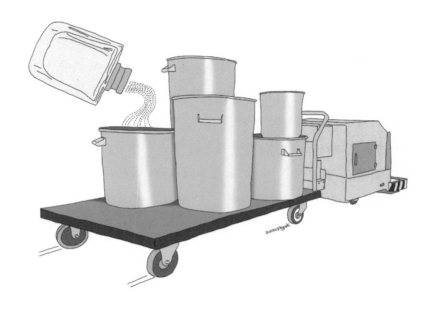

됐다. 레고 블록의 종류가 많을수록 우리는 새롭고 다양한 형상을 더 많이 만들어낼 수 있다. 욕망을 세분할수록 우리가 무엇을 원하고 있는지 더 정확히 알 수 있게 된다.

소품종 대량생산의 작업장과는 달리 다품종 소량생산의 작업장에는 구체적인 사람의 형상이 눈에 보이는 것 같기도 하다. 그 제품을 쓰는 소비자를 생각할 수 있다. 예를 들어, 립스틱은 재료에 열을 가해서 녹인 다음 급속 냉각 성형시키며 제품을 만드는데, 찌그러질 가능성이 있기 때문에 모든 제품들을 하나하나 검사해야 한다. 립스틱 하나에 한 사람의 입술이 보이는 것 같다.

화장품에 대해 사람들이 가장 궁금해하는 것은 재료와 성분, 효능과 효과인 것 같다. 어떤 화장품이 제일 좋은지 콕 집어서 추천해주기를 바라는 사람들이 많다. 지금부터 화장품 성분의 과학과 비밀에 대해 자세하게 설명하고 싶지만, 그러려면 몇 주 정도 식음을 전폐하고 공부를 해야 하므로 그런 어려운 일은 생략하기로 하겠다. 몇 가지는 말할 수 있겠다. 내가 가본 화장품 공장의 풍경은 이랬다. 어떤 화장품은 정말 고급한 재료로 만들고 있었다. 재료를 연구하기 위해 수많은 허브를 키우는 공간을 따로 만들었다. 연구원들은 좋은 화장품을 만들기 위해 오랜 시간 연구하고 있었다. 어떤 연구원은 주차 도장의 원리를 응용해서 사용이 간편한 새로운 용기를 만들어내기도 했다. 모든 공간에는 자부심이 있었고, 당당함이 있었다.

공장이란 곳은 기본적으로 다른 사람들의 필요를 충족시켜주기 위한 '호의와 선의'에 의해 움직이는 곳이다. 또한 이익을 남겨야 한다는 '절박한 필요'에 의해 움직이는 곳이기도 하다. '절박한 필요'가 '호의와 선의'를 이길 때 음식물에다 이상한 물질을 때려 넣는, 말도 안 되는 일이 일어난다. '호의와 선의'가 '절박한 필요'를 이길 때, 안타깝지만 공장은 망한다.

나는 화장품 광고란 '호의와 선의'로 화장한 '절박한 필요' 같다는 생각이 든다. 맨얼굴은 '절박한 필요'지만 '호의와 선의'로 예쁘게 화장을 한 것이다. 화장을 해야 우리 눈에 띌 수 있다. 화장을 하고 나면 아름다워지고, 윤곽이 뚜렷해진다. 화장품 회사가 광고에 너무 많은 돈을 쓰는 것 아니냐고, 그 모든 것이 화장품 가격을 올리는 데 일조하는 게 아니냐고 사람들은 말하지만, 화장품 회사로서는 화장을 하지 않을 도리가 없다. 소개팅을 하러 나가는데 맨얼굴로 나갈 수 없다. 불평할 일이 아니라는 생각이 든다.

우리는 제품을 살 때 이미지도 함께 산다. 어떤 화장품 브랜드를 떠올리면 어떤 모델의 얼굴이 함께 떠오른다. 우리는 모델의 이미지와 그들의 웃음과 아름다워질 수 있다는 믿음을 함께 구입하는 것이다. 우리는 화장품 회사의 선의를 믿는 조건으로 그들의 필요를 충족시켜주고 있는 셈이다. 복잡한 게임처럼 보이지만, 그렇지 않다. 이게 우리들이 살아가는 모습이고, 우리들이 살아 있는 방식이다.

온도계

온도를 알고 나면
이상하게
더 더워지거나
더 추워진다.
앎이 몸을 속이는 것 같다.

시간표

마쓰모토 세이초의
소설 《점과 선》에는
기차 시간표 마니아가
등장한다. 그가 쓴 글이다.

"수많은 사람들이 각각의 인생에 따라 기차에 타거나 혹은 내린다.
나는 눈을 감고 그런 정경을 상상한다. …… 나는 지금 이 순간, 여러
고장에서 펼쳐지는 스쳐 지나가는 인생을 한없이 공상할 수 있다."

나도 어린 시절, 역 근처에 살면서 저 시간표들을 보며 자랐다.
내게 시간표는, 떠날 수 있는 가능성이자 먼 곳을 향한 동경이었다.
저 숫자들에, 시간들에, 많은 사람들이 실려 있다.

14

맥주를
사랑합니다

★

맥주 공장 산책기

몇 년 전 암스테르담의 '하이네켄 맥주 체험관'에 간 적이 있다. 시내를 혼자 어슬렁거리다가 우연히 '하이네켄'이라는 글자를 발견하고는 꽤 비싼 입장료를 선뜻 내고 들어갔다. 나는 맥주라면 사족을 못 쓰는 사람이니까, 하이네켄은 좋아하는 맥주이기도 하니까, 망설일 이유가 없었다. 티켓을 끊는데 나도 모르게 입안에 침이 고였다.

막상 들어가보니 좀 민망하기도 했다. 수많은 입장객 중에 혼자인 사람은 거의 없었다. 대부분 커플이거나 단체 관광객이거나 가족이었다. 아무도 신경 쓰지 않을 게 분명한데도, 사람들이 나를 알코올중독자 취급하면 어쩌나 신경 쓰며 체험관을 조용히 걸어 다니다가, 체험관에서 주는 맥주 두 잔을 마시고 나니 그런 어색함도 모두 사라졌다.

맥주는 맛있었다. 부드러운 거품 사이로 느껴지는 하이네켄 특유의 알싸한 맛이 감미로웠다. 하이네켄의 녹색처럼 입안이 싱그러워졌다. 클럽처럼 꾸며놓은 공간에서 혼자 맥주를 마시고 있자니, 거 뭐랄까, 치명적인 고독의 쓴맛과 낯선 장소의 설렘이 가슴속에 넘실거리는 듯했다. 그래, 맥주는 역시 혼자 마셔야 제맛이지, 라고 스스로를 위로했다.

양조장 구경도 하고, 하이네켄 맥주의 역사도 공부하다가 '4D 체험관'이라는 곳에 들어갔는데, 내 인생에서 그렇게 뻘쭘한 적이 없었다. 그곳은 체험관을 빙자한 놀이 기구였다. 관객이 맥주 1인칭 시점이 되어 자신들이 만들어지는 과정을 본다는 콘셉트였는데, 맥주가 옮겨질 때마다 관객석이 롤러코스터처럼 움직이고 흔들렸다. 어디선가 물방울도 흩날렸다. 진정한 4D 체험이었다.

맥주가 완성되어 상자로 들어가자 관객석이 깜깜해졌다. 관객들은 맥주의 심정이 되어 서로를 꼭 붙들고 안기면서 기쁨의 탄성을 질렀지만, 어둠 속에서 혼자 있는 나는 참 민망했다. 불량 맥주가 된 기분이었고, 하이네켄 상자 속에 든 하이트 맥주 같은 기분이었다. 맥주 상자가 열리자 시끄러운 음악 소리가 들렸다. 어지러운 조명의 클럽이 모습을 드러냈다. 맥주가 클럽으로 옮겨

진 것이다. 클럽에서 춤을 추던 화면 속 사람들이 맥주 병마개를 따면서 이야기는 끝이 났다. 어이없지만 재미있는 체험이기도 했다. 체험관을 나서면서 다짐했다. 그래, 다음 생엔 맛있는 맥주로 태어나자. 이번 생엔 정말 원 없이 맥주를 마셨으니, 다음 생엔 맥주로 태어나서 사람들을 기쁘게 하자.

맥주를 참 많이도 마셨다. 한국에서도 마셨고, 외국 여행 중에도 마셨고, 맛있는 맥주도 마셨고, 맛없는 맥주도 마셨다. 내가 마셨던 모든 맥주들, 나를 시원하게 해주었던 맥주들을 모두 사랑한다. 일을 끝내고, 때로는 누군가를 축하하기 위해, 때로는 서로를 격려하기 위해, 술집에 모여 앉은 사람들 앞에 생맥주 한 잔이 놓였을 때의 그 흥겨움, 건배를 하고 첫 잔을 마실 때 온몸으로 번져나가는 보리 향(때로는 밀 향)의 부드러운 넘실거림을 사랑한다. 맥주가 없었다면 힘든 시간을 어떻게 보냈을까, 어색한 시간을 어떻게 견뎠을까, 생각만 해도 끔찍하다. 소주가 서로를 위로하는 술이라면, 맥주는 서로를 격려하는 술일 것이다. 나는 맥주가 가진 시원한 힘을 믿는 편이다.

맥주 공장에 가기 전날 '하이네켄 맥주 체험관'을 떠올렸다. 그때처럼 맛있는 맥주를 마실 수 있을 것이라는 기대감이 컸다. 한국의 맥주 공장에도 체험관이 있다. 미리 예약을 한다면 누구나 들를 수 있다. 직접 맥주가 되어보는 이벤트는 없지만 맥주의 역사와 맥주 광고의 역사 등 볼거리도 많고, 멋진 풍광을 보면서 생맥주 한잔 마셔볼 수도 있다.

결론부터 말하자면, 한국 맥주 공장에서 마셔본 생맥주는 맛있었다. 예상대로 맛있었고 예상 외로 맛있었다. (어차피 도움받을 만큼 받았으니 솔직히 밝히고 시작하자. 하이트진로) 공장에서는 내가 가장 좋아하는 맥주인 맥스(Max)를 마셨는데, 평소 마시던 맥주의 맛보다 20퍼센트 이상 맛있었다. 여러 가지 요인이 있었을 것이다. 공장에서 직접 마신다는 심리적 요인도 있었을 것이고, 다른 소매점보다 맥주 관리에 엄격한 이유도 있었을 것이다.

홍천강을 둘러싼 겨울의 풍경을 보면서 진하고 구수한 보리의 향을 들이켜는데 참 운치 있고 좋았다.

맥주의 참맛은 과연 무엇인가

맥주의 맛에 대한 이야기는 예민한 문제다. 많은 사람들이 '한국 맥주가 맛이 없다'는 이야기를 한다. 나도 51퍼센트 정도 동의한다. 여러 곳에서 다양한 맥주를 마셔보았지만, 한국 맥주만큼 별다른 특징이 없는 맥주도 드물긴 하다. 한국의 맥아 함량이 턱없이 낮아서 맛이 없다는 주장을 하는 사람도 있고(이건 사실이 아니다. 1999년 12월 주세법 개정에서 맥아 함량 66.7퍼센트 이상 사용이라는 규정이 10퍼센트 이상으로 완화됐지만 대부분 맥주의 맥아 함량은 60퍼센트 이상이다), 맥아의 문제가 아니라 홉(hop)의 품질이 떨어지기 때문에 맛이 없다는 주장도 있고(홉이 맥주의 맛에 영향을 미치긴 하지만 결정적인 요인이라고 할 수는 없다), 한국 요리의 특성상 맵고 짠 양념이 많아서 맛과 향이 강한 맥주보다는 부드럽고 순한 맥주가 어울리기 때문에 그런 맥주가 발전하게 됐다는 이야기도 있다(이건 물어보니 반쯤은 진실이었다).

51퍼센트밖에 동의할 수 없다는 것은 '취향' 때문이다. 맥주 맛에 까다로운 사람도 맥주의 소비자이지만 하루의 갈증을 날려

버릴 목적으로 '보리 향이 나고 시원한 술'을 원하는 사람 역시 맥주의 소비자이기 때문이다. 둘 중 어느 쪽이 맥주의 참맛을 안다고 말할 수 있을까. 한국 사람들이 마시는 맥주는 한국의 고유한 맥주가 될 수밖에 없다. '가맥'을 즐기는 동네 어른들이, 관광버스에서 신 나게 춤추다가 타는 목을 맥주로 달래려는 어머니들이, 편의점 파라솔 아래에 모여서 멍하게 신세 한탄을 하는 아저씨들이 상면발효맥주 '에일'을 즐기는 건, 나로서는 상상이 잘 안 된다. (무시하는 게 절대 아닙니다요!)

맥주 회사에서도 이런 사정을 모르는 바 아니다. 맥주가 맛이 없다는 이야기가 나올 때마다 발끈하기도 하고, 맥아 함량을 공개하기도 하지만 오해는 잘 풀리지 않는다. 오해가 아닐 수도 있을 것이고, 오직 오해하는 사람만 수면 위로 떠오르기 때문일지도 모른다. 우리나라의 맥주를 맛있다고 생각하는 사람들이 '맥주 맛을 지키려는 사람들'이라는 카페를 개설할 리 없다. 긍정의 결속력은 약하고, 부정의 결속력은 강하다. 대중은 늘 조용하고 거대하다. 맥주 회사가 대중의 입맛을 길들였는지, 아니면 대중이 원하는 맛을 맥주 회사가 맞춰가고 있는지는 알 길이 없지만, 어쨌거나 지금의 맥주 맛은 이렇게 정해졌다.

1880년대 개항과 함께 처음으로 우리나라에 맥주가 들어왔다. 1933년 대일본맥주가 영등포에 조선맥주 공장을 설립하면서 국내에 최초로 맥주가 생산됐고, 해방 후 미군정에서 관리하던 맥주 공장을 1951년 민간에게 넘기면서 현재에 이르고 있다. 그 사이 맥주 시장은 어마어마한 성장을 이뤘다. 해외여행이 활성화되고 수많은 사람들이 외국 맥주의 맛을 보게 됐다. 이제는 한국에서도 다양한 수입 맥주를 맛볼 수 있게 됐고, 누구나 맥주의 맛에 대해 한마디씩 할 수 있는 시대가 됐다. 맥주 공장을 둘러보고 제일 먼저 든 생각은 한국에 맥주 2.0버전의 시대가 곧 시작되겠구나 하는 거였다.

맥주님들 전성시대

외식 전문 잡지에서 와인 담당 기자를 한 적이 있다. 와인에 대해서는 쥐뿔도 몰랐기 때문에 하나하나 공부를 해가면서 기사를 썼다. 포도의 품종을 배우고, 라벨(전문용어로는 에티켓이라 부른다) 읽는 법을 배우고, 대륙별 와인의 차이에 대해 공부했다. 와인을 글로 배운 셈이고, 배운 걸 곧바로 글로 토해낸 셈이다. 난감한 순간도 여러 번 있었다. 오스트레일리아 와인 특집 기사를 쓰기 위해 여러 와인을 한꺼번에 맛보는데, 계속 마시다 보니 그 와인이 그 와인 같고 이 와인은 또 저 와인 같고 저 와인은 아까 그 와인 같아서 나중엔 모든 맛이 뒤죽박죽이 돼버리고 말았다. 카

베르네 소비뇽이니 메를로니 포도 품종의 차이는 오간 데 없어지고, 나중에 남는 것은 오로지 취기뿐이었다.

맛을 글로 표현한다는 것은 여간 고달픈 일이 아니다. 와인 같은 경우엔 더 그렇다. 와인에서 나는 향 중에는 한국에서 쉽게 접할 수 없는 게 많으니 미묘한 차이를 구별해내기가 더욱 어렵고, 그걸 또 문자로 표현하려면 한 번 더 어렵다. 오스트레일리아 와인 특집 기사에서도 어쩔 수 없이 편법을 쓰고야 말았다. 한 와인에 대해 쓴 게 기억이 난다. '바싹 마른 사막 위를 달리고 있다. 먼지 바람이 가득하다. 갑자기 하늘에서 빗방울이 떨어지더니 이내 사방엔 습기로 촉촉하다. 사막의 흙 맛과 그 위로 떨어진 빗방울의 맛이 어우러진 다음 허공을 꽃향기로 가득 채운다. 이 와인의 맛이 그렇다'라고 썼다. 와인 홍보 담당자에게 맞아 죽지 않은 걸 감사하게 여기며 살고 있다. 나로서는 어쩔 수 없었다. 와인을 마시면서 눈앞에 떠오른 풍경이 딱 그랬다.

(다행히 홍보 담당자의 항의가 없어서) 그 후에도 꽤 오랫동안 와인 기사를 썼다. 좋다는 와인도 많이 마셨고, 보르도 지역에 출장도 가게 됐고, 와인 책도 여러 권 읽었다. 다 소용없었다. 맛에 대해 쓰는 건 재능이 없는 게 아닌가 싶었다. 시간이 갈수록 문자라는 게 얼마나 빈약한 것인지 절감했다. 이제는 와인 기사를 쓰지 않아도 되니 얼마나 다행인지 모른다. 그저 기분 좋게 마실 뿐

이다.

로마 역사가 타키투스는 "음료 중에 보리나 밀로 만든, 포도주와 비슷하고 품위가 떨어지는 액체를 마시는 사람들이 있다"라는 맥주 비하 발언을 했는데, 복잡하고 섬세한 와인의 맛에 절망한 사람으로서 일견 수긍이 가는 말이기도 하지만 포도주보다 맥주를 더욱 애호하는 사람으로서 일단 반기를 들 수밖에 없다. (로마시대 때 한 말에 이제 와서 반기를 드는 꼴이 우습긴 하지만 여전히 비슷한 생각을 하고 있는 사람이 많은 것 같으므로 계속하자면) 우선 맥주는 와인과 다르며, 품위가 떨어지는 액체도 아니다. (나의 지극히 개인적인 판단에 따르면) 와인이 저녁 식사에 어울리는 술이라면, 맥주는 파티에 어울리는 술이다. 와인이 클래식이나 재즈를 들으면서 마시기 좋은 술이라면, 맥주는 로큰롤과 포크 음악에 어울리는 술이다. 품위와는 무관하다. 상황이나 장소나 분위기에 따라 다른 술을 선택할 뿐이다. 어떤 음식이 다른 음식에 비해 품위가 떨어진다고 말할 수는 없다. 맛있는 음식과 맛없는 음식은 나눌 수 있지만 품위로 음식을 나눌 수는 없다.

와인에 비해 맥주의 맛도 간단한 게 아니다. 우리가 자주 마시는 라거 계통의 맥주부터 최근 급속도로 유행이 번지고 있는 IPA(Indica Pale Ale)나 마이크로 브루어리에서 만드는 맥주 등을 마셔보면 맥주의 맛 역시 도저히 글로 표현하기 힘든 넓이와 깊이가 있다는 걸 알 수 있다. 한 번도 맡아보지 못한 향을 맡을 수 있고, '사막에 내리는 비의 맛과 같다'는 터무니없는 소리를 해야 할 만큼 묘한 맛을 경험할 수도 있다. 이젠 맥주도 와인만큼 복잡해졌다. 이전부터 복잡했지만 한국에서 이제 막 복잡해지기 시작했다. 복잡해지기 시작했다는 건 그만큼 다양한 맥주를 찾게 됐다는 것이고, 다양한 취향이 생겨나고 있다는 뜻이다. 자신의 취향을 적극적으로 표현하는 게 튀어 보이지 않는 시대가 됐고, 맛에 대해 오랫동안 이야기하고 맛있는 것을 찾아다니는 게 유난스럽지 않은 시대가 됐다. 와인의 전성시대가 앞서 있었다면, 이제 맥주의 전성시대가 펼쳐지지 않을까, 기대해본다.

그럼에도 빈 병에는 맥주가 다시 채워질 것이다

한국 대형 맥주 회사들의 고민이 여기서 시작된다. 눈앞에는 새로운 맛을 원하는 소비자들이 있고, 발목에는 정부의 가격 통제라는 족쇄가 채워져 있으며, 여전히 시원한 맥주를 싸게 마시고 싶어 하는 소비자들도 있고, 수입 맥주의 판매는 매년 높은 성장세를 기록하고 있다. 답을 구하기 어려운 고차원 방정식 문제 같다.

  최근 불어닥치고 있는 에일 열풍은 리트머스 시험지 같은 역할을 하게 될지도 모르겠다. 사실 에일 맥주의 맛은 한국 소비자

영화 〈쇼생크 탈출〉의 한 장면인데, 이 부분을 볼 때마다 맥주가 마시고 싶어진다.

들에게 무겁게 느껴질 수 있다. 상면발효맥주인 에일은 높은 온도에서 짧은 시간 발효시키고 일반 맥주보다 호프를 더 많이 넣기 때문에 탄산가스가 적고 쓴맛이 강하다. 시원하게 벌컥벌컥 마시기보다는 천천히 맛을 음미하면서 마시는 게 어울리는 술이다. 개인적으로 라거나 필스너 스타일의 맥주를 선호하고, 밀 맥주나 에일 맥주를 자주 마시지 않았기 때문에 글을 쓰기 위해 여러 종류의 에일 맥주를 마셔보았다. 지금도 맥주 한 병을 옆에 놓고 이 글을 쓰고 있는데 오스트레일리아 와인 특집 기사를 쓸 때와 비슷한 심정이다. 몇몇 에일은 기가 막히게 맛있고, 어떤 에일은 맛이 너무 강해서 도저히 참기 힘들다. 이런 맛을 글로 표현하는 건 아무래도 무리다. 나무를 태운 것 같은 맛이 나기도 하고, 꽃향기가 나기도 하고, 생전 처음 맞닥뜨린 맛이 나기도 한다. 국내에서 생산한 에일은 우리의 입맛을 고려해 만들어서인지 가장 무난하게 마실 수 있었다. 에일 맥주가 한국에서 지속적으로 성공할 수 있을지 무척 궁금하다.

이제부터가 대형 맥주 회사의 역할이 중요한 시점일 것이다. 대형 맥주 회사에서 맛 좋은 에일을 성공적으로 판매한다면 에일 시장이 넓어질 것이고, 매장에서도 좋은 자리를 차지할 수 있게 된다. 에일 시장이 넓어지면 다양한 맥주를 생산하는 소규모 맥주 회사들도 성장할 수 있을 것이다. '취재를 갔던 공장'에서 자신들의 연구소를 소규모 맥주 회사들과 공유하는 것도 이런 이유 때문일 것이다. 우선 사람들이 맥주를 사랑하게 만들자는 게 이들의 공동 목표일 것이라고 믿고 싶다.

맥주 공장에 가서 가장 놀랐던 것은 빈 병을 재처리하는 설비였다. 수집된 빈 병은 용기 선별기를 통과한 후 세척되어 재사용된다. 깨끗하게 씻긴 빈 병들이 거대한 기계에 차곡차곡 쌓이는 장면은 마치 질서정연한 군대의 모습을 보고 있는 것 같았다. 빈 병에 다시 맥주가 가득 채워질 것이다. 맥주는 전국으로 옮겨져 사람들의 메마른 목을 촉촉하게 적셔줄 것이다. 맥주를 사랑하는 사람에게 그 장면은 엄숙하고 장엄해 보였다.

한국 맥주는 맛있어지고 있다고, 나는 생각한다. 앞으로 더 맛있어질 것이라고 믿고 있다. 최근의 몇몇 맥주들은 외국의 제품들과 견주어도 손색이 없을 정도로 맛있다. 물론 다양성에 있어서는 부족한 면이 많지만 이제부터가 시작일 테니 기대가 크다. 지금까지의 맥주 시장이 1.0버전이었다면 이제 새로운 맥주 2.0 버전의 시대가 시작될 것이다.

맥주 만취 시음기

술자리에서 '주량이 어떻게 됩니까?'라고 물어보는 사람들이 종
종 있다. 왜 묻지? 그냥 할 얘기가 없으니까 물어보는 거겠지?
'키가 크신데 몇 센티미터나 되는 거예요?' '발이 커 보이는데, 신
발은 몇 밀리미터 신어요?' 이런 질문이랑 비슷한 거겠지? 생각
해보면, 그리고 고백하자면, 나도 누군가에게 한두 번 물어본 것
같다. 아마도 '술을 잘 마시는 편이에요?' 같은 질문을 좀 더 정확
하게 표현한답시고 꺼낸 질문이었던 것 같다.

대체 정확한 주량은 어떻게 측정하는 걸까. 소주 한 잔만 마셔
도 얼굴이 빨개진다는 사람은, 소주 한 잔이 주량인 걸까. 얼굴이
빨개지는 순간으로 주량을 측정할 순 없다. 애개, 그럼 나는 맥주
세 잔이 주량이게.

얼굴이 빨개져도 대부분 술을 더 마신다. 맥주 한 잔만 마시고
나면 술이 더 받지 않는다는 말을 하는 사람이 있다. 그러니까 기

분 좋게 마실 수 있는 술의 양이 자신의 주량이라고 생각하는 것인데, 일리가 있는 의견이다. 하지만 이건 조절을 잘하는 사람에게만 가능한 일이고, 술을 마셨다 하면 계속 '달리는' 사람은 측정이 불가능하다. 토할 때까지 마실 수 있는 양이 주량일까. 필름이 끊기기 직전까지 마신 양이 정확한 주량일까. 평균적으로 마시는 술의 양이 주량일까, 최대한 마실 수 있는 양이 주량일까.

사람들이 내 주량을 물어보면, "맥주는 아무리 마셔도 취하질 않아요"라고 대답하곤 했다. 뻥이다. 그럴 리가 있나. 그냥 안 취하는 척하는 거고, 안 취한 것처럼 보이는 거다. 맥주만 마셨을 땐 취하는 속도가 더뎌지긴 하는 것 같다. 그런데 맥주에다 뭔가 섞어서 마시기 시작하면 급속도로 취한다. 소맥(소주와 맥주)을 제조해서 마시는 건 그나마 나은데 사케나 막걸리, 양주를 섞어서 마시면 필름이 끊기기 일쑤고 다음 날 머리가 깨질 듯이 아프다. 어떤 술을 마시느냐, 또는 어떤 술을 섞어서 마시느냐에 따라 주량도 달라지게 마련이다. 사람들과 함께 술을 마실 때와 혼자 술을 마실 때의 주량도 달라지는 것 같다.

나는 정확한 나의 주량을 파악해보자는 생각이 들었다. 정확한 실험이 되기 위해 다음과 같은 기준을 만들었다. 첫째, 혼자 마신다. 둘째, 맥주만 마신다. 셋째, 안주는 견과류로만 제한한다. 넷째, 취기에 영향을 줄 만한 조건을 없앤다. 예를 들면, 영화나 예능 프로그램을 본다든지, 통화를 한다든지, 쇼핑 사이트 서핑을 한다든지……. 대체 그럼 뭐하면서 혼자 맥주를 마시지? 이 기회에 다양한 맥주를 시음하며 맥주에 대한 맛 평가를 같이 하면 좋겠다. 님도 보고 뽕도 따듯, 맥주도 마시고 글도 쓸 수 있는 기회다. 취했을 때 과연 맥주 시음기를 쓸 수 있을까. 맥주의 맛을 분간할 수나 있을까. 몇 병이나 마실 수 있을까. 마트에 다녀와야겠다.

마트에서 맥주를 사 왔다.

15

속도와
인간

★

라면 공장 산책기

취재하기로 한 라면 공장은 고향에서 가까운 곳이었다. 기차로 10분이면 갈 수 있는 곳이지만 가본 적은 거의 없다. 친구들과 한두 번 놀러 가본 게 전부였다. 전날 고향 집에 가서 잠을 자고, 아침 일찍 일어나서 부모님과 함께 아침을 먹었다.

고향에는 아버지와 어머니가 살고 계신다. 어머니는 늦게 잠이 들고, 아버지는 일찍 잠에서 깬다. 일찍 일어난 아버지는 차마 어머니를 깨우지 못한다. 밥을 차려달라고 하고 싶지만 그럴 수 없다. 어머니는 수십 년 동안 밥을 차려왔고, 아버지는 끊임없이 그걸 먹기만 했다. 아버지는 고기가 들어가지 않은 미역국을 싫어하지만, 어머니는 미역국에 고기를 넣지 않는다. 아버지는 불평하면서도 고기가 들어가지 않은 미역국을 먹을 수밖에 없다. 어머니는 가끔 미역국에 고기를 넣는다. 아버지는 일찍 일어난 아침에 라면을 끓여 드신다. 물을 끓이고, 봉지에서 꺼낸 라면을 끓는 물속에 넣는다. 분말수프와 건더기수프를 넣는다. 계란도 넣는다. 면이 익어가는 동안 아버지는 냉장고에서 김치를 꺼낸다. 접시에 덜지 않고 통째로 꺼내놓는다. 아버지의 아침 한 끼가 그렇게 해결된다.

라면과 공장은 압축이다

집에 가면 싱크대 한구석에 라면이 쌓여 있다. 아버지의 라면이다. 종류별로 한가득이다. 매일 아침 라면을 드셔야 하니 질리지 않게 종류별로 사놓은 것이다. 된장을 기반으로 한 라면, 얼큰한 라면, 면발이 굵은 라면, 세상에는 라면이 참 많다. 라면의 종류가 참 많아서 아버지에겐 다행스러운 일이다.

아버지가 요리하는 모습을 한 번도 본 적이 없다. 냉장고 문을 여는 모습은 자주 봤지만 칼을 쥐고 재료를 자르거나 국의 간을 보거나 명절 때 전 부치는 모습을 본 적이 없다. 언젠가 한번은 요리를 하셨겠지만 내가 본 적은 없다. 아버지가 라면을 끓이는 걸 본 적은 있다. 일 때문에 고향 집에 내려가서 자게 됐는데, 아침 7시 싱크대에서 무언가 바스락거리는 소리를 듣고 잠에서 깼다. 새벽에야 잠이 들었는데도 이상하게 바스락거리는 소리가 크게 들렸다. 문을 살짝 열었더니 100킬로그램에 육박하는 아버지의 거대한 등이 보였다. 아버지는 라면을 끓이고 있었다. 나는 그 모습이 궁상맞아 보이기도 했고, 짠하기도 했다. 좀 제대로 차려 드시든가, 아니면 멋지게 굶으시든가, 그것도 아니면 어머니를 깨워서 밥을 차려달라고 하시지 궁상맞게 라면이 뭔가 라면이……. 나는 문을 닫고 다시 자리에 누웠다. 아버지의 라면 먹는 소리가 들렸고, 그릇을 씻는 소리가 들렸다. 자꾸 아버지의 등이 눈앞에 보이는 것 같았다.

라면 공장에 한번쯤 가보고 싶었다. 거대한 기계에서 면이 뽑혀 나오는 과정을 보고 싶었고, 기름에 튀겨지는 면의 소리를 들어보고 싶었고, 라면이 일사불란하게 포장되어 공장을 빠져나가는 장면을 보고 싶었다. 음식을 만드는 공장을 한 군데만 취재해야 한다면 당연히 라면 공장이어야 한다고 생각했다. 라면만큼 공장과 잘 어울리는 음식이 또 있을까. 라면은 쉽고 간편하며, 많고 빠르고 다양하다. 라면을 끓이는 방법은 누구나 안다. 기본에서 조금씩 변주될 뿐이다. 550밀리미터 물을 끓인 다음 면과 수프를 넣고 3분간 끓인 후 달걀과 파를 넣는다. 시간이 조금씩 달라지고, 면과 수프를 넣는 타이밍이 조금 달라질 뿐이다.

남들이 상상하지 못할 정도로 부유한 어린 시절과 청년기를 보낸 사람이 아니라면, (어쩌면 그런 사람들까지도) 라면에 대한 추억 하나쯤은 있을 것이다. 라면은 혼자서 밥 먹는 사람들의 외로움을 달래왔고, 사람들의 허기를 빠르게 만족시켰다. 태어나서 처음 해보는 요리가 라면일 것이며, (아버지처럼) 요리를 할 줄 모르는 사람들이 유일하게 할 줄 아는 요리가 라면일 것이다.

내 상상 속의 라면 공장은 (말도 안 되게 비과학적인 상상이지만) 꼬불꼬불한 길이 수천 수만 개 나 있는 장소다. 반죽이 꼬불꼬불한 길을 통과하고 뜨거운 김을 쐬기도 하고 기름에 풍덩 들어가서 튀겨졌다가 기어 나오는 장면을 상상하곤 했다. 직원들이 다니는 길 역시 꼬불꼬불하고, 정원도 꼬불꼬불하고, 라면을 신고 나오는 트럭 역시 S자 코스 주행 시험 보듯 운전을 해야 하는 장소를 상상하곤 했다.

면을 꼬불꼬불하게 만드는 데는 여러 가지 이유가 있다. 우선, 면이 부서지는 것을 막을 수 있다는 장점이 있다. 직선으로 면을 뽑아내면 부서졌을 때 상품 가치가 크게 떨어질 수밖에 없다. 둘째 부피를 줄이기 위해서다. 더 좁은 곳에 더 많은 양의 면을 압축시키기 위해서는 꼬불꼬불한 면이 필수적이다. 라면 한 가닥의 길이는 약 65센티미터이고, 라면 한 봉지에는 대략 75가닥의 면발이 들어간다. 라면의 총 면발 길이가 49미터에 달하니, 엄청난

압축인 셈이다. 마지막으로 조리의 간편성도 중요한 이유다. 면이 꼬불꼬불하면 끓이는 시간도 줄어들고, 양념이 더 잘 묻게 된다. 라면과 공장이 공유하는 단어가 바로 압축인 셈이다. 라면은 생활의 압축을 상징하는 음식이고, 공장은 산업의 압축을 상징하는 장소이다. 라면은 짧은 시간에 많은 칼로리를 섭취할 수 있게 해주며, 공장은 짧은 시간에 많은 제품을 생산한다.

라면도 인생도 떠밀려서 꼬불꼬불

라면 공장은 (바보 같은) 내 상상과 달리 여느 공장과 크게 다르지 않았다. 어찌 보면 국수를 만들어내는 가내수공업적 생산 방식을 크게 확대해놓은 모습일 수도 있다. 밀가루 반죽을 만든 다음 거대한 롤러로 반죽을 눌러 면대를 만든다. 다양한 굵기의 제면기를 통과하면서 만들어진 면은 스팀 박스를 통과하며 증숙 공정을 거친다. 둥근 형태의 라면은 둥근 갑에, 네모난 형태의 라면은 네모난 갑에 들어간 후 150도 정도의 기름에서 튀겨진다.

가장 재미난 공정은 거대한 반죽을 잘라서 면으로 만드는 것이다. 반죽이 올라가 있는 컨베이어벨트의 속도는 무척 빠르고, 면이 완성되어 나오는 컨베이어벨트의 속도는 느리다. 중간에 면을 자르는 칼이 있다. "뒤에서는 빨리 밀고, 앞에서는 천천히 가니까 꼬불꼬불하게 만들어지는 것입니다." 공장 직원의 말을 듣는데, 그게 라면의 제조 공정을 설명하는 말 같지가 않았다. 아, 그런 것인가, 뒤에서 빠른 속도로 밀고 들어오는데, 앞에서 속도를 내지 못하면 결국 꼬불꼬불해지고 마는 것인가. 등을 떠미는 힘은 강력한데, 앞으로 나아가기가 머뭇거려진다면 결국엔 꼬불꼬불해지고 마는 것인가. 속도의 차이란 그렇게 직선이었던 것을 꼬불꼬불하게 만들고 마는 것인가. 직원의 한마디에 여러 가지 생각이 떠올랐다.

라면이라는 단어의 어원은 납면(拉麵)이다. 납면은 중국 북방에서 밀가루 반죽을 손으로 잡아 늘리면서 만드는 국수를 말한다. '납'은 끌고 당긴다는 뜻이다. 중국집의 수타면이 납면의 형태라고 할 수 있다. 손으로 잡아 늘리던 것을 공장에서는 롤러가 대신해서 납작하게 만든다. 커다란 덩어리를 밀고 당기면서 납작하게 만들고, 다시 늘여서 얇게 만든다. 얇게 만들어 포갠 반죽을 빠른 속도로 밀어내면서 꼬불꼬불하게 만든다. 어쩐지 이것은 라면 만드는 공정이 아니라 우리들이 사는 모습 같기도 하다.

컵라면을 처음 먹었을 때가 생생하게 기억난다. 뜨거운 물을 붓고 3분만 기다리면 요리가 완성된다니, 이 무슨 번갯불에 콩구워 먹는 이야기인가 싶었는데, 완성된 라면은 환상적인 맛이었다. 뜨거운 물이 있는 곳이라면 어디서나 컵라면을 먹을 수 있었다. 친구들과 피시방에서 게임을 할 때도 먹을 수 있었고, 도저히 일어나서 움직일 수 없을 정도로 피곤할 때도 먹을 수 있었다. 끓여 먹는 라면이 LTE의 속도였다면, 뜨거운 물을 부어 먹는 컵라면은 LTE-A급이라 할 수 있겠다. 라면의 가장 중요한 미덕은 간편함과 속도일 것이다.

라면 공장에서도 속도가 중요했다. 방문한 공장은 한국에서 가장 많이 팔리는 신라면의 고속 라인이 있었는데, 속도 때문에 생긴 특이한 점이 하나 있다. 자, 몰라도 그만인 기이한 라면 상식. 라면의 상표가 있는 곳을 앞면, 조리법과 주의 사항이 적힌 곳을 뒷면이라고 해보자. 수프는 어디 들어 있을까. 다른 곳에서 생산되는 라면에는 앞면에 수프가 들어 있지만 고속화 라인에서 생산되는 라면에는 뒷면에 수프가 들어 있다. (완성된 라면이 컨베이어벨트를 지나갈 때 그 위에 수프를 얹어야 하는데, 빠른 속도 때문에 수프가 계속 떨어지고 말았다. 결국 고속화 라인에서는 수프를 컨베이어벨트 아래쪽에서 공급해 함께 포장한다.) 신라면을 사서 포장을 뜯었을 때 수프가 앞쪽에 있으면 저속 라인, 뒤쪽에 있으면 고속 라인에서 생산된 것이다. 맛의 차이는 없다고 하지만, 어쩌면 고속 라인에서 생산된 라면이 시원한 바람을 더 많이 맞았을 테니 맛도 더 화통하지 않을까. 속도를 경험해봤으니 더 빨리 끓지는 않을까. 미안하다, 농담이다.

너구리 라면의 공정도 재미있다. 너구리 라면에는 일반 라면의 수프에다 다시마를 추가로 투입해야 한다. 말린 다시마를 잘라서 투입하는 것인데, 기계로 처리하기가 불가능하다. 다시마 투입 기계가 있긴 하지만 성공률이 높지 않다. 하나하나 사람이 넣을 수밖에 없다. 다시마를 가루로 부순 다음 칩 형태로 성형하는 것도 고려했지만 다시마 형태가 사라지면 소비자들이 좋아할 것 같지 않다는 게 공통된 의견이었다. 너구리 라면을 좋아하는 사람으로서 나 역시 반대한다. 다시마 기계화에 반대하는 가장 큰 이유는 의외성이 사라지기 때문이다. 너구리 라면을 자주 먹는 사람은 봉지를 열었을 때 두 개의 다시마가 짝 달라붙어 있는 '로토'를 경험한 적이 한 번쯤은 있을 것이다. (나는 한 번 경험했다.) 대단한 행운은 아니지만 어쩐지 기분이 좋아진다. 이게 다 수작업 때문에 생기는 즐거움이다. 공장 입장에서는 작은 손실이 어마어마한 손실로 이어진다고 생각할 수도 있지만 이런 식의 소소한 재미를 놓치고 싶지 않다. 누군가의 실수가 누군가의 기쁨으로 이어지는 일은 많지 않다.

다시마만큼은 인간이 해결하는 세상

라면 공장에 있는 전혀 다른 스타일의 두 라인을 보면서 속도에 대해 생각하게 됐다. 1년 넘게 여러 공장을 구경 다니면서 속도와 사람에 대해 자주 생각했다. 공장의 속도가 빨라질수록 직원이 할 일은 줄어든다. 어떤 공장은 기계가 대부분의 일을 하고, 어떤 공장은 기계와 사람이 사이좋게(라는 말이 좀 우습긴 하지만) 일을 나누어서 한다.

로봇공학 분야의 개척자인 한스 모라벡은 "다음 세기가 되면 다양한 능력을 갖춘 저렴한 로봇들이 매우 광범위한 분야에서 인간의 노동을 대체할 것이기 때문에 완전고용을 유지하려면 근로시간이 실질적으로 0시간에 가까워져야 할 것이다"라고 했다. 2050년 이후 지구의 주인이 인간에서 로봇으로 바뀐다는 과감한 얘기도 했던 사람이다. 큰 공장을 다녀보면 모라벡의 말이 과장이 아니라는 생각이 든다. 무언가를 만들고 생산하는 직원보다 기계를 지켜보는 직원이 점점 많아지고 있다. 앞으로 공장에서 기계와 로봇의 비중은 더욱 높아질 것이다. 기계와 로봇이 전성기를 맞는다고 해서 실업자가 많아진다는 뜻은 아니다. "거의 모든 사람들이 다른 사람들을 즐겁게 해주는 일에 종사하는" 상태가 된다는 것이다. 모든 사람이 예술가가 된다는 뜻일까. 모든 사람들이 서로의 즐거움을 위해 일하는 것이야말로 진정한 의미의 유토피아일 테지만 일이 그렇게 간단하게 풀리지는 않을 것이다.

과연 앞으로 어떤 세상이 올까. 모라벡의 전망처럼 서로의 즐거움을 위해 일하는 세상이 올까. 부유한 나라들은 그렇게 변해 가고 있긴 하다. 인건비가 싼 나라로 공장을 내보낸 후, 새로운 직업들이 빈 곳을 채우기 위해 계속 생겨나고 있다. 내가 살고 있는 한국의 공장들은 어떤 식으로 변해갈까. 한국 역시 공장의 수가 줄어들고 있긴 하다. '메이드 인 공장'을 취재하면서 섭외에 어려움을 겪은 것도 그런 이유 때문이었을 것이다. 이젠 한국도 잘 살고 있다는 뜻일까. 과연 그럴까. 잘 모르겠다.

인간은 기계를 만들었다. 기계는 산업화를 만들었고, 산업화는 더 많은 공장을 만들었고, 또한 노동계급을 만들어냈다. 노동계급은 더 많은 기계를 만들어냈고, 더 많은 기계는 더 나은 기계로 진보했으며, 더 많고 더 나은 기계는 노동계급을 감소시키고 있다. 이제부터 본격적인 기계와 로봇의 역습이 시작될 것이다. 우리에게 필요한 모든 것을 기계가 생산해준다면, 우리는 어떻게 살아가야 할까. 다시마만큼은 인간이 넣는 세상을 꿈꾸지만 쉽지 않을 것이다. 기계는 더욱 진보할 것이다.

바둑판

"만일 인생에 후회가 없다면
사는 게 얼마나 지루할까요?"

왕가위의 영화 <일대종사>의 대사다.
이런 대사가 뒤를 잇는다.

"인생은 이미 둔 바둑알처럼
후회가 없는 거예요."

후회하지 않기 위해, 또 후회하기 위해
새로운 바둑판 위의 빈 곳을 노려본다.

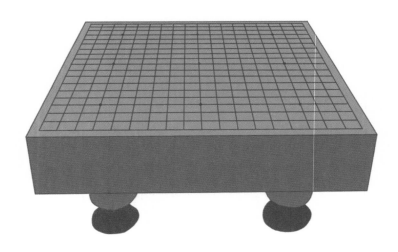

행성

하루 벌어 하루 먹는 사람들은
1일 주기로 살아가며,
주간지를 만드는 사람들은
7일 주기로 살아가며,
월급쟁이들은 30일 주기로 살아가며,
모두들 각자의 주기로 살아간다.
모두들 생활이라는 별 주위를
열심히 회전하고 있다.
그렇게 살아가고 있다.

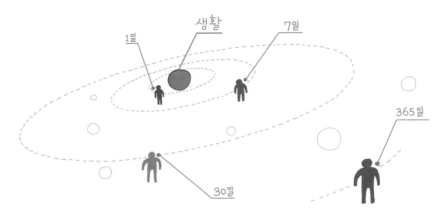

도움을 주신 곳

한솔제지 _제지
유니더스 _콘돔
비비안, 강이모드 _브래지어
샘표식품 _간장
쿠론 _가방
서전지구 _지구본
롯데제과 _초콜릿
한국도자기 _도자기
엘피팩토리 _엘피
삼익악기 _악기
형제대장간 _대장간
아모레퍼시픽 _화장품
하이트진로 _맥주
농심 _라면